中华人民共和国成立70周年
The 70th Anniversary of the Founding of
The People's Republic of China

庆祝中华人民共和国成立70周年 系列论坛

中央宣传部宣传教育局

人民出版社

目　录
CONTENTS

庆祝中华人民共和国成立 70 周年
系 列 论 坛

第一场

2019 年 8 月 16 日

the First Part

欧阳自远 / 周建平 / 杨乐 / 窦贤康 / 徐苎南

欧阳自远

中国科学院院士，中国月球探测工程的首任首席科学家

国家的重大需求培育我成长

欧阳自远

各位观众朋友、各位网友，大家好！我讲的题目是"国家的重大需求培育我成长"。1952年我高中毕业，正在思考和选择未来的专业方向。当时国家提出：我们将要建设一个工业化的国家，最缺的是矿产资源和能源。国家号召："年轻的学子们，你们要去唤醒沉睡的高山，让它们献出无尽的宝藏。"我被这一句话深深打动了，下决心一定报考地质，去找矿！一定要为我们国家的工业化添砖加瓦！

国家的需要，就是我的选择。作为家中的独子，由于长期的战乱环境和流离失所的生活，父母都希望我学医，传承家业，当一名医生，以后过一个稳定的衣食不愁的小康生活。虽然我违背了他们的意愿，但他们还是尊重和支持我自己的理想。

1952年我被录取在刚刚成立的北京地质学院矿产勘探系。经过4年的学习，对于找矿勘探和地球科学打下了一个比较好的基础。1957年学校动员我参加全国第一次副博士研究生统考，我被录取在中国科学院地质研究所从事长江中下游铁、铜矿床成因与找矿方向研究。我作为一位找矿者而自豪，觉得能为自己的祖国作出一些贡献。

但就在1957年，苏联发射了第一颗人造地球卫星，拉开了人类空间时代的帷幕，这给了我极大的震撼。我们找矿探矿，像一只小蚂蚁，在地球上爬来爬去，效率太低。如果用人造卫星找矿，很快就调查得比较清楚了。人造地球卫星对人类社会的科技进步、经济发展和提高人们生活质量一定会发挥巨大的作用。没有想到，就在第二年，1958年，美国和苏联这两个空间大国，为了空间霸权的竞争和冷战的需要，开始月球探测，展开了一场最激烈的经济、科技和军事的竞争。当时我们年轻的中华人民共和国成立不到10年，百废待兴，一穷二白。但是我也坚信，中国一定会走进空间时代。我们年轻人能不能为迎接中国空间时代的到来，做一些科学上的准备，让中国空间时代到来得快一些、更顺当一些？

所以从1958年开始，我一方面系统分析研究美国、苏联两国探测月球的计划、方案、目标、实施步骤和各种探测成果；紧密结合我们中国的实际，中国假如要去做应该怎么做啊？也思考一下我们中国要开展月球探测应该采取一种什么样的战略，应该制定一个长远的规划。这是一方面。另一方面，我觉得人家都搞到天上去了，都做天上的东西，我们中国没有办法，我们得不到月球火星的样品，但是天上会掉下东西来，我下决心做各种地外的研究，当时中国没有人研究这个领域，那也没有关系，我们开始搞吧。

所以我就收集降落在中国的各类陨石，因为陨石是研究太阳系的窗口，是我们八大行星组成的原始物质，要从根上研究它。我也进行实验室的研究，利用高空科学气球收集平流层的宇宙尘埃，进行实验室的系统研究，这样一步一步在中国建立起相关的实验室，也培养了一批从事陨石学、天体化学、月球科学和行星科学的科学队伍，我们就可以不断发表这个领域的文章和出版书籍。

1976 年，中国降落了一次世界规模最大的吉林陨石雨，中国科学院和各高校组成由我负责的联合科学考察队。经过精细的考察和研究，我们发表了 100 多篇研究论文和两本专著，已经成为国际上陨石研究的典范。1978 年 5 月，美国卡特总统派他的安全事务助理布热津斯基访问中国，他代表卡特总统送给中国一块 1 克重的月球岩石。中办通知我们去领取样品并负责研究。我想我们全部研究工作只需要绿豆大小，只要 0.5 克样品就够了。我组织了全国相关的实验室 4 个月内对这块小石头进行了深入研究，确证是阿波罗 17 号宇航员采集的 70017–291 号样品，是一种高钛月海玄武岩，我们很快发表了 14 篇研究论文。另外还剩下的 0.5 克送给北京天文馆，请他们向公众展出。

从 1958 年开始涉及这个领域，到 1993 年，我们经历了 35 年的前期准备，当时我们国家的载人航天也立项了，我们认为中国有能力去开展月球探测，请求国家组织专家评审论证。国家要求我们首先论证的是"中国开展月球探测的必要性与可行性研究"，后来专家委员会的结论是非常有必要，完全有可能。接着国家要求我们开展中国探月的发展战略与长远规划研究，后来专家委员会的意见认为，完全可以按照这个非常贴合国情的步骤和战略去发展。最后国家要求我们开展中国首次月球探测的科学目标、载荷配置和可实现性研究。从 1994 年至 2003 年，经过专家历次论证，都得到各个专家委员会的一致同意和支持。整个论证过程又经历了整整 10 年。

2003 年在国防科工委的领导下，组织全国航天力量，由孙家栋和我

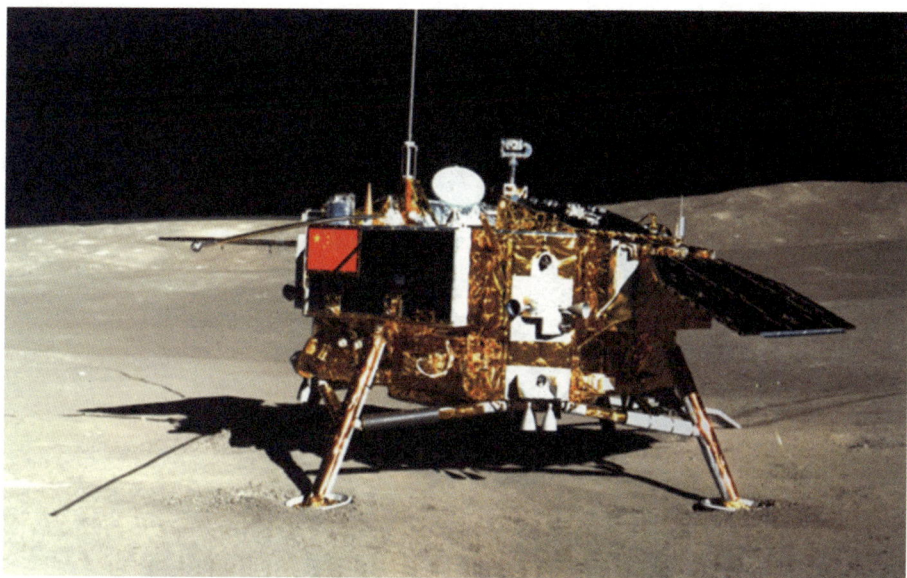

嫦娥四号月球软着陆探测器

来负责编写"中国首次月球探测立项报告"。2004年1月24日，大年初二，国务院批准了我们的第一期绕月探测立项，并正式命名为"嫦娥工程"，我被任命为中国月球探测工程科学应用首席科学家。

中国的月球探测工程相继成功发射了嫦娥1号、嫦娥2号绕月探测，嫦娥3号和嫦娥4号实施月球正面和月球背面的落月探测，取得了一系列创新性探测成果，在一部分领域处于国际领先。我们下一步还要完成月球取样返回，我们要飞得更远，去探测火星、木星和木星系统、小行星和彗星，以及进行行星际的穿越探测和建设月球科研基地。我们中国已经进入了深空探测的新时代。

在我的人生经历中还承担过一项特别重大的任务。由于我在中国科技大学进修核物理一年，在中国科学院原子能研究所做实验半年，当时国防科委的领导找我谈话，通知我要承担一项国家的重大任务，根据你学习的

玉兔二号月球车

基础，首先要解决一个问题是，中国地下核试验区要选择一个地方做，选场。第二，地下核试验的过程和影响，你们要做模拟实验。最重要的一个问题是，地下核试验以后，放射性物质不能泄漏，更不能污染当地的地下水，不然我们将成为历史的罪人。这样艰巨的任务，我们老老实实、踏踏实实地从 1964 年到 1967 年，我们选定的地下核试验场通过论证成功，各项实验取得丰硕成果，防止各种放射性污染的措施也十分有效，提交了十几份研究技术报告，经 1969 年中国的第一次地下核试验验证得到圆满成功！

习近平总书记提出："科技创新、科学普及是实现创新发展的两翼，要把科学普及放在与科技创新同等重要的位置。"我觉得做好科学研究是我的天职，提高广大公众的科学素质也是我义不容辞的责任。所以我自己有一个统计，从 2008 年至 2018 年 11 年的系统记录：11 年来，我一共进行了对各类型公众的科普报告 617 场，11 年的现场听众 35.3 万人；平均每年举行的科普演讲报告 56 场，平均每年的现场听众 3.2 万多人。有些科普报告与新媒体相结合，一场报告的网上听众约 20 万—80 万人次。这些年我一共撰写和主编科普书籍 12 部，撰写和媒体采访的科普文章 300 多篇。

我自己感到很幸运！是国家的重大需求引导和培育我成长，也塑造了我的人生，我内心充满了感恩的情怀，感谢我们伟大的祖国！我虽然已经 84 岁了，但我还会加倍努力，为中华民族的伟大复兴和建设科技强国作出贡献。我们要仰望星空，脚踏实地，上下求索，践行梦想！谢谢大家！

演讲视频二维码

周建平

中国工程院院士，中国载人航天工程总设计师

飞天圆梦　为了祖国的强盛

周建平

朋友们，大家上午好！很高兴来到这里。也感谢新华网提供的这么一个机会，让我和我们几位科学家一起介绍一下我们工作的情况。很荣幸，这里面杨乐院士是我学生时代很崇拜的科学家，他和陈景润、张广厚共同激励了我们那一代的学子，我是77级的，所以很高兴，也很感谢杨乐院士。

2016年首个中国航天日的时候，习近平总书记作出了重要指示："探索浩瀚宇宙，发展航天事业，建设航天强国，是我们不懈追求的航天梦。"探索宇宙、拓展生存疆域是我们人类自古以来的强烈愿望，它激发人类不断奋斗，把一个又一个梦想变为现实，这一过程也极大推动了科技进步，展现了人类的智慧、勇气、能力和人类文明发展的美好前景。

航天梦、飞天梦是中华民族文明的重要组成部分，我们有嫦娥奔月，有牛郎织女，也有夸父逐日等美丽动人的故事，还有敦煌壁画等杰出的、反映飞天梦想的艺术作品。中国人发明火箭、火药，早在明朝的时候，我们中国人就在世界上首次尝试了用火箭动力实现飞天的梦想，这是需要极大勇气的。中国现代航天始于 1956 年。1970 年 4 月 24 日我们的第一颗人造卫星东方红一号进入太空，那时候我还是一个小学生。我还很清晰地记得，当时我们仰望星空看着东方红一号卫星从太空中划过，在广播里听到东方红一号卫星播回来的乐曲，那真的是激励了我们那一代人，也让我们为国家感到自豪、感到骄傲。1992 年 1 月，中央决定组织载人航天工程技术经济可行性论证。我是学航天的，77 级，我上大学学的是飞行器技术，但我一直在大学任教，很幸运，那次让我们学校派一位年轻的教师参加总体方案的论证，我被选中了，我们进行了半年的论证。当年 9 月 21 日，中央正式批准了载人航天工程按"三步走"的发展战略实施。

论证工作结束后，我还是回到学校当老师。过了 7 年以后，1999 年我调入中国载人航天工程办公室，1 个多月后就随试验队专列进场，参加神舟一号发射任务，这也开始了我为期 20 年的载人航天职业生涯，这也是我们中国载人航天取得辉煌成就的 20 年。时间有限，说几点在这 20 年过程中我自己的切身感受和大家共享。

第一，我想说载人航天"三步走"战略是我们载人航天工程取得辉煌成就的基础。载人航天工程的论证起源于"863"计划。从 1986 年起，"863"航天领域专家委员会组织了多年论证工作。在工程实施前，原国防科工委按照中央的要求又再次组织了数百名专家进行了为期半年的技术经济可行性论证，刚才我说的我参加的就是这个论证工作，进一步凝聚了共识，即以载人飞船工程起步，按"三步走"战略实施。当年是国际上航天飞机载人天地往返方案很热闹的时候，美国的航天飞机很多人都知道，那时候已经多次往返太空，俄罗斯也完成了不载人的暴风雪号航天飞机首飞，当然实际上那还是在苏联时期，欧洲、日本均在积极论证自己的航天飞机方案。

我们国家的航天专家反复论证比较，到底是搞航天飞机还是搞飞船，最后，综合考虑技术复杂度和经济性、可行性，我们建议从载人飞船起步。我们看现在，美国航天飞机已经全部退役，俄罗斯航天飞机终止于那次无人飞行，日本、欧洲的航天飞机停留在纸面上，世界航天大国全部回到了飞船方案，这里面应该说有技术上的重大反复。自航天飞机退役，美国到现在已有 8 年没有自己可用的载人天地往返运输工具，依靠俄罗斯的联盟号为国际空间站服务。而我们的载人航天事业一直沿着中央批准的"三步走"战略稳步前进，已经完成了第一步载人飞船和第二步空间实验室的全部任务，成为世界上第三个独立掌握载人航天技术的国家，我们现在拥有世界上两型现役载人飞船中的一型，即神舟载人飞船，另一个就是俄罗斯的联盟号。我们有世界上现在载货效率最高、功能最多的天舟货运

▎神舟载人飞船

飞船。而我们天宫一号、天宫二号两个天宫空间实验室则为我们正在研发的空间站奠定了坚实的基础。所以说中央批准的"三步走"战略为我们的发展打下了坚实基础。

第二，我想说"特别能吃苦、特别能战斗、特别能攻关、特别能奉献"的载人航天精神。中国航天人基本上是从零开始，进行载人飞船的研制、设计、制造、试验以及人才、管理等各方面都面临巨大挑战。为了突破技术、保证质量和进度，很多人真的是长年累月加班加点，"5+2""白加黑"是一种常态，应该说是历尽了艰辛。在早期的时候我们技术也不够成熟，质量体系还在不断完善过程中，我们那时候发射任务一次进场都几个月时间，比如神舟一号，我们的试验队队员在大漠戈壁待了5个多月，我们的试验队解决了上百个技术和质量问题。比如出舱航天服在没有任何经验和技术积累的情况下，从设计开始到研制、飞行用了3年时间，而俄罗斯具有成熟技术和生产能力的厂家仅仅生产就需要2年多，大家不难想象，研制队伍要付出多少努力才能够保进度、保质量、保功能性能。我看到过挂着点滴还在组织大家研究工作的总设计师；我认识很多三四十岁，孩子正在上学甚至是小升初、初升高关键时期的年轻人；大家现在都很关心孩子，特别是那些妈妈们，每次飞行试验任务离家三五个月不能够回家，不出差的时候也是在实验室披星戴月地工作。大家的努力是我们载人航天成功的保证。

第三是坚持独立自主、自主创新、跨越发展的道路。我们始终将全面独立掌握载人航天技术作为基本原则，从飞船、火箭到地面设备，从分系统到单机到原材料、元器件，我们都立足自主研发，因为我们知道关键技术是买不来的。工程起步的时候，我们真的没有基础，但我们还是将神舟飞船的功能性能瞄准国际最先进的俄罗斯联盟飞船；出舱活动，我们在可以用引进舱外服出舱的情况下，选择了自主研制这一条更为艰辛的道路；交会对接任务，我们改变了利用轨道舱进行交会对接的方案，选择研制新的天宫一号目标飞行器从而实现同步建成我们国家试验性空间实验室大系统的更宏伟目标；空间实验室阶段，我们又克服重量资源严重不足的困难，大胆利用货运飞船补给能力，用天宫一号的备份产品，完成了原定由天宫二号、天宫三号两个空间实验室共同完成的任务。所有这些，充满了创新的精神，充满了勇气和担当，都是为了实现更好更快更安全更经济的跨越式发展。

今年 7 月 19 日，天宫二号完成了历史使命，受控离轨陨落大气层。这标志着载人航天工程第二步任务圆满收官。现在，我们正在进行中国空间站的研制，我们将在 2022 年左右完成在轨建造。我们的目标是全面掌握大型空间设施的建造和运营技术，把我们中国空间站建成技术先进、运行经济高效的国家级太空实验室。在空间站上，将部署航天医学、空间生

▌中国空间站建成后的全貌

命和生物、材料、微重力燃烧和流体、物理、天文等领域的高水平实验设备,科学家将可在空间站开展大量空间科学前沿领域的研究工作。我们空间站有后发优势,我们是用当代的先进技术建造它的,无论是平台的技术还是仪器设备的技术,它都是在全球居于领先地位的。我相信这将推动中国空间科学研究进入全球先进行列,也将促进人类探索和开发利用太空事业的发展。

我举个例子,在空间站阶段,我们将部署一个巡天望远镜,这将是国际上最先进的从事天文学和物理学研究的空间天文台之一,它的分辨率与著名的哈勃望远镜相同,但是它一次看到的视场范围是哈勃望远镜的300多倍。我们计划用10年时间,对半个天区以上的区域进行巡天观测,我们要研究暗物质、暗能量、黑洞、宇宙起源、天体起源、生命起源等重大科学问题,这些研究必将加深人类对自然本质属性的认识,对整个物理学、天文学和人类社会的发展起到重要作用。

▌天宫二号空间实验室

　　"星空浩瀚无比，探索永无止境"。为人类文明进步做出中国贡献是我们不断前进的强大动力。载人航天的价值是独特的，人到哪里，人类文明就扩展到哪里。我相信，不远的将来，中国人的脚步将迈向月球以及更远的深空。中国航天人将满怀航天报国的初心，为完成建设航天强国的伟大使命努力奋斗，为我们国家强盛，为中华民族伟大复兴不断做出新的贡献。谢谢大家！

演讲视频二维码

杨 乐

中国科学院院士，中国科学院数学与系统科学研究院研究员

在红旗下成长

杨 乐

1949年10月，新中国成立时，我将近10周岁，正开始上小学六年级。所以，我以后上中学、大学、读研究生，以及走上研究工作的征途，在中国科学院数学研究所的岗位上从事基础数学研究半个多世纪，都是依赖新中国的长期培育与教导，特别是改革开放后四十年的飞速发展，给予了大家发挥才智的机遇。

记得新中国成立不久，在我的家乡江苏南通，从各小学挑选了一些学习成绩优良、表现较好的同学参加少年儿童队（简称少儿队；后更名为少年先锋队，简称少先队）。我所在的南通师范第一附属小学（通师一附）是积极参与者和主力。举行宣誓仪式的那天，我和校内几十名同学怀着纯真与兴奋的心情，与其他小学选出的同学，聚集在南通规模宏大、设施先进的更俗剧场，举行集体的入队仪式，成为新中国的第一批队员。

1950年，当我考进在当地和周围地区影响很大的江苏省南通中学时，国家正开始经济的恢复与发展工作，这就需要大量的各个专业的人才，特别是各个重点建设项目需要许多工程师和技术人员。这样，逐步使自己将学习与国家的需求联系起来，从而明确了学习的目的性，学习有了动力，自觉性显著增强。在中学六年的学习里，课堂上专心听讲，很好地掌握了老师讲授的内容，课间十分钟（或一刻钟）就完成了老师布置的练习题。此外，我还看了较多的课外参考书籍，做了许多习题，逐渐形成了对数学的浓厚兴趣，并暗下决心，准备终生从事数学研究工作。

令人难忘的是 1956 年春天，中央发出了"向科学进军"的伟大号召。即便是在中学里，也形成了十分强烈的反应，使我和广大同学学习更加刻苦和努力。这年的夏天，带着对美好未来的憧憬，同学们纷纷考入清华、北大以及沪、宁、杭、西安等地名校学习，许多人响应号召进入航空、造船等国防专业，我也进入北京大学数学力学系学习。

1956 年至 1962 年，我们在北大数力系本科学习了六年。同学们在中学阶段对数学都十分爱好，成绩突出，进大学后努力学习，打下了很好的基础。当我和同学们临近毕业之际，国家恢复了研究生的制度与考试，我和张广厚考入中国科学院数学所，成为熊庆来的研究生。熊老是我国著名的前辈数学家，而且培育了许多高水平的数、理学者。他自谦为"老马识途"，在他指导下我们报告了两本经典论著，迅速走向研究前沿。在研究生阶段，我发表了五篇论文，四篇用法文撰写，发表在《中国科学》；一篇发表在《数学学报》，其中解决了复分析权威学者 W. K. Hayman 提出的一个问题。这些文章，直到几十年后还有重要的引用。

从 1949 年至 1966 年的十七年间，虽然新中国刚建立，百废待兴，又面临国内外严峻、复杂的形势，然而国家对教育和培育人才倾注了大量心血，我和其他同学成长的过程就说明了这一点。

▌ 杨乐（右）与张广厚在研究函数理论

　　研究工作需要长期钻研与专注，不断思考与揣摩，克服种种困难和挫折，最终有所突破和创新。七十年代中期，我和张广厚就是在极其艰难、困苦、压力巨大的情况下从事研究工作的。例如，当时唐山发生特大地震，严重波及京、津地区，要求所有的居民从住宅楼里撤离，在三个月左右的时间里，夜间都要住在抗震棚里。然而我正在研究工作之中，完全投身并且专注于所研究的课题，并未意识到地震可能带来生命危险，晚上总是利用楼内夜深无人、十分安静、工作效率很高的优点，努力从事研究，没有住过一天抗震棚。这当然不足以效法，但可说明从事基础研究需要这种专注的精神。

　　这些研究工作获得了国际上同行的高度赞誉，如美国、西欧、苏联的权威学者 R. Nevanlinna, L. Ahlfors, W. K. Hayman, W. H. J. Fuchs, A. A.

Goldberg 等，都给予了非常高的评价。1976 年，美国纯粹与应用数学代表团在我国作深入交流时，也对这些研究工作高度赞扬。《苏联大百科全书·复分析卷》里引用了我们 9 篇论文，对几项成果详细引述。这说明中国学者具有创新精神，完全可以在科研工作上立于世界民族之林。

粉碎"四人帮"后，尤其是在 1978 年全国科学大会和十一届三中全会后，改革、开放成了基本国策，围绕经济工作的现代化建设成为重心，广大知识分子的积极性得到了调动。我们被邀请到欧洲、美国、日本访问，作学术演讲，互相交流，而且对国外科研和培育人才体制中的长处，如：以学术为中心、重视学术交流和不同领域间的切磋、人才流动和防止近亲繁殖等，有了较具体和深入的了解。在此基础上，王元和我在八十年代中期提出将数学所办成开放所的建议，获得当时周光召副院长的大力支持。我们邀请了全国许多大学的数学骨干到数学所访问，对提升我国数学水平起了有益作用。

从七十年代末到八十年代，国家选派了大批访问学者到美国、西欧、日本等国进修，他们刻苦努力，回国后成为科研战线上的骨干。1977 年开始恢复高考的学生，也决心将十年浩劫中浪费的时光补回来，认真学习，许多毕业后在国内外继续深造，攻读博士学位，逐渐成为杰出的专家学者。

然而在七十年代直至九十年代，我国经济还较薄弱，对教育与科研的投入十分有限，薪酬、待遇、研究经费处于很低水平，广大科研人员常常以相当于美国同行百分之一、二、三的报酬在和他们比赛和拼搏。我们的年轻学者要以前辈在艰难、困苦的条件下努力赶超世界先进水平作为自己的榜样。

九十年代中期，在中科院时任常务副院长路甬祥和国际著名数学家丘成桐的共同倡议下，中国科学院设立了晨兴数学中心，实行开放、流动、面向国内外的新研究体例，要求中心体量要小，水平要突出。经过二十余年的努力，晨兴数学中心在提高学术研究水平、促进国内外数学交流和培育青年拔尖人才等方面做了大量工作，不仅在国内发挥了重大影响，在国际上也有很高的声誉。

在党和国家的大力支持下，20 世纪末中国科学院率先实施了知识创新工程，大大加强了科研经费的支持力度。新世纪以来，从中央到省、市各级党、政组织和领导大力支持科研和教育，经费支持逐年迅速增加。尤其是党的十八大以来，在习近平总书记的亲切关怀下，努力实施创新驱动发展战略，深化科研和教育体制的改革，进一步扩大学术交流和对外开放。我国经济经过几十年高速发展，大大提高了经济实力，成为世界上第

中国科学院数学与系统科学研究院

二大经济体，广大科技人员和知识分子的科研环境和生活待遇获得了大幅度的提高与改善。

宽敞的楼宇大厦，设施齐全、十分先进的研究和实验室，不仅在京、沪大都市的科研机构和著名大学里已司空见惯，即便在中、小城市一些不大知名的大学里，在新世纪以来也都陆续建设了漂亮的新校园，大部分可以和欧美的一流大学的校园建筑相比美。科研、创新、人才不再是阳春白雪，不再是少数人的事情，而是整个国家和全社会关注的大事，它关系到经济发展、社会前进与人类文明。我们已经拥有一批十分优秀的青年人才，他们在国内外的一流大学受到了很好的培育与训练，在研究工作上已经初露锋芒，有卓越的表现。我们要创造良好的研究环境和气氛，使他们有宏大的目标，长期专注和钻研，不断克服困难，取得重大创新与成果。

回顾中华人民共和国成立七十年的历程，特别是改革开放以来，党的十八大以后走过的征途，我们更加坚定了前进的信念和步伐，我们将迎来科技创新的崭新局面，推动我国的经济建设和社会文明不断进步！谢谢大家！

演讲视频二维码

窦贤康

中国科学院院士，空间物理学家，武汉大学校长

空间逐梦七十载

窦贤康

　　各位观众、各位网友，大家上午好！非常高兴有机会和大家见面交流。我是搞空间物理学研究的，伴随着中华人民共和国的成长，空间物理学科从无到有、从弱到强走过了艰难的历程。响应欧阳院士的号召，他讲科普和创新同等重要，我先做一点科普。大家往往把空间物理学和天体物理学混淆，天体物理学研究的时间和空间的尺度比较大，是研究天体的状态、形态和演化规律的学科；空间物理学研究的范围就相对比较小，它研究从地球的表面开始 10 公里到太阳表面这样一个区域。这个学科是伴随着人类航天事业的发展而逐渐开展起来的，航天事业会为空间物理学提供探测的基础，基于这些探测基础之上进行空间物理学的研究，研究这样一个区间里面的现象及其发展的规律，反过来又能保证人类航天事业的安全。

　　谈到空间物理学首先要谈到的是赵九章先生，他是搞高空大气物理的，是"两弹"元勋，是东方红一号人造卫星的总设计师，也是我们国家人造卫星事业奠基人之一，他开创了我们国家空间物理学的发展。空间物理学是基于观测发展起来的一门新兴学科，所以在中华人

东方红一号卫星

民共和国成立以后，在非常困难的情况下，他带领中国最初的一批搞空间物理学的人从地基观测开始，奠定了我们国家最初空间物理学的基础。

改革开放以后，随着党中央对科技的重视以及中国科技实力的快速发展，中国空间物理学也迎来了快速发展的几十年。这主要体现在两方面：一是人才队伍的快速增长，改革开放以后，在空间物理学我们产生了 7 名院士和 32 名国家杰出青年基金获得者，尤其难能可贵的是现在有非常优秀的年轻人加入我们的队伍里，这就是中国未来空间物理学能够得以继续快速发展的最重要的保障。

二是大家知道空间物理学是实验学科，过去一段时间里面，我们国家在空间探测方面有双星计划，这是和欧空局合作的进行前沿研究的一个非常好的计划；另外还有一个非常重要的计划是子午工程，沿着 120 度经度布置大量无线电和光学设备，随着地球自转会对近地环境进行非常完整有效的探测。

我本人 1983 年以当时宿州市第一名身份考入中国科技大学，1995 年在法国完成了我的硕士和博士学位后回国工作。我刚回国时和我的导师有

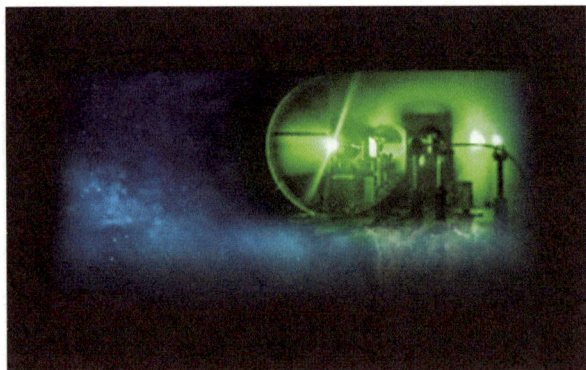

测风激光雷达

一个很好的选择，在他的研究方向上工作是一个很好的捷径，但是我的导师鼓励我，把在法国在雷达方面学习到的东西能够独立开展起来。我 2017 年当选中国科学院院士，在当选院士的材料里面的全部工作都是回国后做的。我的工作是临近空间这部分。大家习惯的是我们高空的几百公里，这里面是卫星的轨道，卫星可以探测；低流层以下大量的云、雨等物质，通过雷达可以探测。但是在 20—120 公里这个区间离我们远又不远，这个区域往往是我们到目前为止认识最薄弱的环节。道理在哪里呢？大气非常干净，里面没有示踪物，卫星不下来、气球上不去。

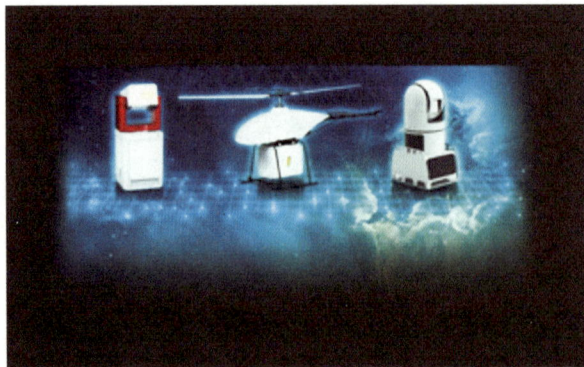

量子激光雷达

随着技术的发展，由于激光和雷达的发展，大家知道大气里面密度探测比较容易，只要激光回光就能完成了。但是大气密度很难完成，要测激光频率还不够，要测激光频率的漂移。激光频率的漂移为什么很难测呢？因为高空大气没有示踪物，大气运动是非常宽频的谱，达到几个 GHZ 的谱，大气运动对应的频率漂移大概是兆赫的量级，和非常宽频的相比低两到三个量级。所以从非常宽频的信号里面把非常小的频移量检测出来是国际难题，经过长达十几年的努力，我们课题组顽强攻关建立起一套设备。

党的十八大以来，习近平总书记强调高质量的发展，强调创新在科技里面的作用，随着过去研究水平的不断积累，我们开始尝试做一些国外人没有做过的事情，这里面给大家举两个例子。

一是量子激光雷达，大家知道传统的激光雷达为了提高探测能力，要么增大外径的口径，要么提高激光能量，这都要付出巨大的代价。但是我们和潘建伟院士团队合作发掘不走传统道路，利用单光子上转换技术，用提高量子效率和压缩大气杂光影响消

子午工程

除噪声提高激光雷达的性能。所以，采取这样的技术我们做出来的国际上首台量子激光雷达，比美国同类设备探测能力提高将近三个量级。这样做出来的雷达的好处在哪儿呢？就是它体积小、重量轻、系统稳定，而且我们由于可以大幅度压缩太阳噪声，过去激光雷达只能在晚上工作，我们现在不受白天和夜晚的限制。由于我们性噪比比较高，过去激光雷达很难在有云雨的情况下工作，现在我们都可以做到，采取这种技术的雷达将来可以放到飞机和卫星上进行机载和星载的实验。

二是子午工程。子午工程二期马上要开始，这和一期相比，主要不是投资量有十几倍的增加，我觉得子午工程二期最大的贡献是在于在这样的计划里面，我们首次开始提出国外包括美国人没有的设备。比如核心设备之一，就是课题组马上在做的，要探测到 500—1000 公里大气状态，利用里面痕量的氦原子作为示踪，将建设出国际上第一台氦探测设备，对未来人造卫星安全运行提供坚强保障。

今年是中华人民共和国成立 70 周年，走过了光辉的 70 年，要把中国建设成一个科技强国，还有很长的一段路要走。习近平总书记讲过，每一代人有每一代人的长征路，每一代人要走好每一代人的长征路。作为中生代的科学家的代表，我要继续带领我的团队完成我所承担的科研任务。同时我还有另外一个身份，我是武汉大学的校长，作为大学校长，我还有另外一个非常重要的责任，甚至于说更重要的责任，就是把年轻人培养好，让他们热爱科学、热爱国家，通过我们中国一代又一代青年科学家的努力，一定能够把中国建设成为真正意义上的世界上的科技强国。谢谢各位观众！

演讲视频二维码

徐芑南

中国工程院院士，载人潜水器"蛟龙号"总设计师

我国载人深潜领域的发展成就

徐芑南

　　各位来宾、各位网友，大家上午好！很荣幸能在这里和大家交流，分享我国载人深潜领域的发展成就。习近平总书记在 2016 年全国科技创新大会上指出："深海蕴藏着地球上远未认知和开发的宝藏，但要得到这些宝藏，就必须在深海进入、深海探测、深海开发方面掌握关键技术。"我们搞的深海载人潜水器就是实现第一步深海进入的重要手段，它是一种搭载人员和设备深潜到海底作业的运载平台，能够在陌生复杂的深海环境中执行精准的操控、精确的定位和精细的作业。

　　中华人民共和国成立 70 年来，我们国家的载人深潜从无到有、从浅海到深海、从单项研制到系列发展，特别是党的十八大以来，我们国家的载人深潜技术和装备获得了前所未有的高速发展，取得了举世瞩目的成就。我很幸运，我是这个全过程的见证者，也是一名实践者。

　　回顾新中国成立初期，1953 年毛主席发出"一定要建立强大海军"

"深海勇士"号载入潜水器扬帆起航

的号召，当时我抱着要建造先进的海军装备保家卫国的心愿，考入了交通大学造船系，毕业分配到现在的中船重工集团七〇二研究所，我一直在所里从事水下装备的试验研究和工程开发。六七十年代，在全所同志共同努力下，我们建成了一个功能齐全的大中型水池和深海模拟试验设备群，它的规模仅次于美国和俄罗斯，并创建了一套完整的试验检测方法、标准和规范，这些为我国今后搞深海装备自主研发提供了必不可少的基础技术保障。

改革开放后，在党中央和各级领导关怀下，我国先后成功研制了300米单人常压潜水装备、600米救生艇；600米以浅的系列缆控水下机器人和 1000 米、6000 米自治水下机器人，形成了一支强强联合的深潜技术研发团队。这些为我们今后搞大深度载人潜水器的研制提供了重要技术支撑。

随着国际海底资源勘探的需求发展迅速，一些海洋强国，像美国、法国、俄罗斯、日本，他们在 20 世纪八九十年代相继研发了 6000 米级的载人潜水器，在深海探测方面发挥了不可替代的作用。到 2002 年，在国家海洋局大洋协会的积极推动下，科技部"863"自动化领域的大力支持下，7000 米载人潜水器研制正式开展。这就是我们国家首台自行设计、自主研制的"蛟龙"号。它的研制过程确实可以用"艰难"这个词来描述，在设计初期，美国同行得到这个信息以后都表示很吃惊。觉得你们中国人只搞过 600 米的潜水器，现在要向 7000 米挑战，这简直是不可思议。

习近平总书记说，艰难困苦，玉汝于成。"蛟龙"号历经十年论证与立项，又经过十年攻坚克难，于 2012 年完成了研制和海试，充分发挥了社会主义制度下集中力量办大事的优越性，汇聚了教育部、国家海洋局和中国科学院、中船重工集团等近百个技术优势单位，实现了产学研用、协同创新，攻克了一系列关键核心技术，创造了 7062 米当时国际上作业型载人潜水器最大潜深纪录。这个 7000 米的选择，因为它的作业范围可以覆盖 99.8% 的全球海洋面积。"蛟龙"号悬停作业能力和综合水声通信技术都是处于国际领先的。

2012 年 6 月 24 日，"蛟龙"号第一次突破了 7000 米深度。同时间，在太空，神舟九号也成功完成了与天宫一号的手控交会对接。"蛟龙"号的首席潜航员叶聪在深海送上了对天宫的祝福，天宫一号上的景海鹏也送来了对"蛟龙"号的祝贺。所以海天互动成了当时我们难忘的一幕，真正

"蛟龙"号在海试中布放至水面

实现了中华民族"可上九天揽月，可下五洋捉鳖"的宏伟夙愿。用习近平总书记的话说，在中国人民手中，不可能成为了可能。

党的十八大以来，以习近平同志为核心的党中央将海洋强国建设提升到前所未有的重视高度，并提出了"实施深海发展战略"。随着"蛟龙"号研制成功，紧接着从 2013 年，进入了一个连续五年的海上应用，下潜遍及中国南海、太平洋、印度洋，广泛用于资源圈占、矿区勘探、生态调查、深渊科考等领域。形成了一系列深海设备的自主研发能力，建立了一支潜水器研制、试验、应用、维护保障的国家队，凝练和发扬了"严谨求实、团结协作、拼搏奉献、勇攀高峰"的载人深潜精神，并建成了深海载人装备国家重点实验室。增强了全民海洋意识，为实现中华民族伟大复兴的中国梦增添了强大的精神力量。

习近平总书记曾强调："重大科技创新成果是国之重器、国之利器，必须牢牢掌握在自己手上，必须依靠自力更生、自主创新。"所以，2017年我们又完成了"深海勇士"号 4500 米载人潜水器研制。它的设计和制造都是立足国内，国产化率达 95％以上。应用一年来，已完成了深海科考、沉物打捞等 170 余次安全高效下潜作业，进一步提升了我国载人深潜核心技术及关键部件自主创新能力，有力推动了深潜装备谱系化发展和产业体系的建立，实现了我国载人深潜由集成创新向全面自主创新的历史性跨越。

| "蛟龙"号在海试中回收至母船

党的十九大报告作出"加快建设海洋强国"的部署。所以我国载人深潜发展应加速，向海洋最深处挺进，同时还需加快发展无人深潜技术，以新一代人工智能等先进技术为创新引领，构建载人、无人优势互补、协同作业的潜水器共融体系，来支撑海洋强国建设。目前，科技部已下达了全海深，也就是 11000 米载人、无人潜水器的研制任务，各项工作正在稳步推进，并且取得了一系列的阶段性成果，我们国家全面实现全海深科学研究与资源勘查的目标已经指日可待。谢谢大家！

演讲视频二维码

互动问答

主持人：欧阳院士刚才有一句话是：科普和创新同样重要。大家都在点赞，说科学家要是做起科普来那就是最好的科普家。那第一个问题就想提给您。网名为"星空我的梦"的网友有一个问题，人类为什么要探测月亮？

欧阳自远：

大家都知道，月球是地球唯一的卫星，是离地球最近的天体，我们人类终将冲出地球，去探测浩瀚的太阳系，而冲出地球的门槛是月亮。所以你必须经过月亮，当然你以后可以不经过，也就是说要跨前一步，月亮是最好的试验场，月亮离地球最近。另外月球是我们达到各个遥远天体的一个"转运站"，现在已经有计划要在月球上直接去火星，直接去更遥远的太阳系的一些其他天体。

主持人：像太空旅行的驿站一样？

欧阳自远：

对，它是头一站，这是我们转运到别的天体的转运站，这是必须经过的。通过月球的探测使人类科学技术和能力逐步提升，逐步拓展，逐步到别的天体去，这样的话我们就比较扎实、可靠、稳妥。我认为这是第一个最重要的一点。第二，月球现在探测已经进行了140多次了，对月球有了一个比较全面的了解。可以这么说，未来人类社会，像习近平总书记讲的我们人类命运共同体，得以持续、健康、永续发展下去，月球将会发挥重大的作用。

第一，月球有巨大的能源储备，它每天照到的太阳，假如我们在赤道上系一根腰带的话，它所产生的电力可以传输到地球，假如这个能量得以利用，当然要用机器人去铺设，去研制那些太阳能帆板。宽400公里，转一圈11000公里，永远有半圈被太阳照着，这个能量计算下来，我们以后地球的子子孙孙、子孙万代什么能源都不需要了，这是最好的能源，这是人类的梦想。

第二，月球的土壤里面，含有一种非常重要的、我们人类的终极能源的原料，我们现在用的各种各样的能源，包括化学能源、核电站，以后可能要建设核聚变的电站，而这种电站的原料我们地球上有一样特少，而在月亮上特多，这是嫦娥一号探明的，大概接近有 113 ± 17 万吨，可以解决人类未来能源多久的需求呢？至少确保1万年的需要。

月球可以让我们了解整个太阳系的天体，如果我认真解剖它就可以推演到其他天体，是一个很重要的基础。所以各个国家第一步要离开地球，去的都是月球。这样，一个是训练我们、提高我们。一个是我们必须经过这一站，从而拓展我们的视野、扩大我们的疆域，了解它能够为我们人类社会的发展发挥多大的作用。现在已经知道了，这是确切知道的，以后可能还有更多新的发现。所以有人建议要建月球基地，但是月球环境太严酷了，难以居住，我认为只有一个办法，学延安、挖窑洞，在山里面打进去，密闭起来，制造地球生存的环境，太费劲了。所以现在科学家的目标集中在要改造火星，至少我们人类要有两个栖息地，但是要在月球上取得经验，然后到火星去才有更好的办法，技术的实现能力也提高。

所以这位网友提出来，为什么要去探测月球，这是人类拓展自己空间的第一步，这是必须要做的，这是一个正常的发展规律。我们中国现在已经实现了在月球上到、落，今年马上就要把样品采回，既可以到又可以落、又可以回来，我们也有把握把我们的航天员送上月球，并且请他们安全回来。这些都是我们必须要完成的任务。所以第一步，我们一定会走好，走得扎实，以后会走得更快。谢谢这位网友。

主持人：谢谢您。您说探月我们会走得更扎实、走得更快。我记得在嫦娥三号着陆区域被命名为广寒宫的时候，大家都欢呼雀跃，甚至有网友说以后小朋友再问我，说到底有没有广寒宫，在哪里，现在我可以指给他看了。

欧阳自远：

以后全世界做的图必须在嫦娥三号落下去的地方标注出来广寒宫，广寒宫周围还有几个大坑，我们用二十八星宿命名，紫微、太微啊这些，我们希望我们的月亮能够体现中国悠久文明的一些特色。特别是嫦娥四号着陆的地方，在月球背面，现在也批准了我们中国申报的五个地方，因为我们有一个鹊桥号的联络员，鹊桥是王母娘娘在天空中画了一下，画出一条天河，把牛郎织女隔开了。每年七月初七架一个鹊桥，这些喜鹊们要完成年轻人的爱情梦想，这是我们民间流传的牛郎织女的一个很好听的故事。我们现在嫦娥四号着陆的地方称为"天河基地"，古代把银河称"天河"，就是王母娘娘画出来的那一条河，这个河边有三个大坑，这边的坑，最大的，也就是天上最亮的星，一个是织女（星），一个是牛郎（星）。牛郎叫作河鼓，织女就叫作织女，还有一个叫作天津，这样围绕着天河基地。在那儿还有一座大山，我们就以中国的五岳之首，东岳泰山（命名），所以现在月亮上有一座泰山，高差有一万多米。所以这些都标志了中国传统文化的特征，使我们联想到中国的悠久历史，中国美丽的民间传说。现在都可以做，以后还会有。

主持人：我们把目光再锁定到深海。网友"阳台上的猫"：请问徐院士，有了"蛟龙"号，为什么还要4500米的"深海勇士"号的载人潜水器呢？

徐芑南：

大家知道"蛟龙"号的工作深度是 7000 米，"深海勇士"号的工作深度是 4500 米，我们为什么要这么发展呢？主要是两点：第一，由于任务使命的需要。不同深度的海底有不同种类的矿产资源，矿物浮沉的状态也不一样。比如说深度在 6000 米左右的海底盆地上，散落着像土豆大小一块块的锰结核。在 4000 米左右的海山上覆盖了一层厚度 20 厘米左右的钴结壳。现在用蓄电池，钴的用量很大，价格上涨很快。在 3000 米左右有热液硫化物，温度高达 380 摄氏度到 400 摄氏度。而且在不同的海域里，海洋的生物种类也不一样，海底有的地方很荒芜，但是也有很多地方是五彩缤纷的。像在 7000 米左右有狮子鱼，在 5000 米到 6000 米有鼠尾鱼，说明不同深度的海域也有不同种类的生物。所以有了 7000 米的"蛟龙"号，我们还需要有专门适应不同深度、执行不同考察任务和探察任务的潜水器，所以我们还要搞4500 米，以后还会搞各种类型的，我们叫谱系化的发展。

第二，这是适应我们国家的特色，我们还需要有实现从集成创新到全面自主创新的过程。"蛟龙"号做了第一步，"深海勇士"号做了第二步。"深海勇士"号上面所有的设计制造都是立足国内，国产化率达到 95%。特别是它突破了大厚板钛合金耐压球舱焊接成形工艺的核心关键技术，也攻克了锂电池在深海领域里应用的安全性技术，带动了一大批深海的共性技术和产业发展。这使我们国家自主创新能力有了新的提高，也为实现下一个目标，我们要建设 11000 米的全海深载人潜水器，为中国制造奠定了坚实的基础。

主持人：4500 米展示了自主研发能力的水平。我们再看下一个问题，网友"小雨 99"：请问窦院士，空间物理学研究实现从跟跑到并跑，我们科技领域怎么能够突破卡脖子的难题？

窦贤康：

这个问题这两年国内谈了很多了，我相信我也很难有水平把它说得更好。但是我也谈一下我的粗浅认识。第一，我们在谈到卡脖子问题的时候，有一个观点肯定要明确一下。大家回想起来的话，卡脖子或者我们说是技术上的瓶颈，这不是现在才存在的，大家想一想，我们没有记忆，因为我是 60 年代出生的，而 40 年代或者 50 年代出生的应该都知道，洋火洋钉，中华人民共和国刚成立的时候我们一点技术都没有的，那么随着中华人民共和国成立 70 周年以来，特别是改革开放以来，中国科技领域成果其实很多很明显，我们过去卡脖子的东西更多。

那么卡脖子怎么解决它？从我的观念看，我是从事高等教育的，对我而言，要解决卡脖子问题，首要因素是人才队伍的建设，我们要以更大的胸怀引进国外优秀人才，培养更多优秀的年轻人，只有青年人有水平、有干劲、有情怀的时候，靠他们才能够解决卡脖子问题。

第二，我们国家已经罗列了若干个卡脖子的东西，比如芯片、发动机、材料并去解决它，这是对的。但是大家知道，技术的发展，更重要的是什么呢？是要加强我们国家基础研究的投入，对基础研究投入，一个是人，一个是政策，还有一个是氛围。我们照葫芦画瓢是可以把目前卡脖子的问题部分解决掉，但是基础研究跟不上去、搞不清楚，将来还会被新的技术卡脖子。

所以我的观点就两个，要解决中国的卡脖子问题：一要有定力，二要用时间。我们毕竟是大国，有丰富的人才资源，只要我们有定力把人才队伍建设好，把基础研究做好，将来卡我们脖子的事情会越来越少。

主持人：非常感谢。刚才周院士在演讲当中提到了中国空间站的后发优势，现在网友问题非常多。比如网友"香草咖啡"问：未来中国空间站长什么样子？

周建平：

没有图片，希望我能讲清楚。中国的空间站，我首先说基本构型，我们在 2022 年前后要建造的空间站是什么样子。我们有三个舱，一个叫作核心舱，它是第一个发射的。然后有两个实验舱。在轨道上面，实验舱和核心舱对接，然后用机械臂或转位机构把它们转到合适的位置，构成 T 字型。一竖就是核心舱，左右两边半横是两个实验舱。当然它的姿态对地是平的，就是 T

的平面基本上是对地的。

但仅仅是这三个舱是不够的，我们在 T 字型的后面，一竖下面有一个对接口，主要是对接货运飞船，货运飞船对接以后会停泊在那儿，它要给空间站送去航天员的用品，包括吃、喝、穿，以及送去科学实验的样品，也要送去空间站维护升级用的器材，当然还包括空间站轨道维持用的推进剂，因为我们飞行在 400 公里左右的高度，那个地方虽然大气非常稀薄，但它还有一些大气的，时间长了，轨道会衰减，所以还要有推进剂。在 T 字型的横的这个平面上我们要对接一艘载人飞船，这个载人飞船是运送航天员到空间站工作的。也是在这个位置上，但是垂直 T 字型的平面，那个方向还可以对接一艘载人飞船。在长期运行期间，我们的航天员一般是半年时间更换一次乘组，对接两艘载人飞船，乘组就可以轮换。这是基本构型。

基本构型是根据现在的科学家提出的科学研究需求来建造的。科学是发展的，技术也在不断进步，所以我们这个空间站还有扩展构型，扩展构型就是在这个空间的基础上，T 字型平面往前延伸，就是把它变成一个十字型的时候，还可以再构建一个空间站的舱段，扩展空间站。在它的边上还可以增加新的舱段，实现空间站的扩展。当然，扩展构型要在以后看我们科学研究的需要再来决定什么时候做，做成什么功能。

主持人：那我再替网友问一下，它有多大？网友看到的空间站或者对空间站的想象是来自科幻小说或者一些影视作品，您能不能给我们再科普一下，跟小说里和影视作品里说的有什么不一样？

周建平：

多大呢？三个舱段，每个舱段大概是 22 吨，这是发射重量。当然随着空间站的运行，货运飞船会不断地往上补，会运送科学设备、科学仪器，它的重量以后还会有变化，功能还会进一步提升。尺寸，每个舱段的尺寸是十六七米，飞船尺寸大概是八九米。所以基本构型加上飞船对接以后，长度方向在 20 多米。T 的这一横比一竖要长，因为它是两个实验舱，加起来大概是 30 多米。两个 T 字型的头上还有一对太阳帆板，发电用的，这对帆板也有 30 多米的尺寸。

主持人：在看我们直播的一定有很多小朋友，因为现在放暑假，也有他们的家长在看直播。他们非常关心，小孩子对于数学的理解和认知。网友"薛定谔的熊猫"问杨乐院士，数学的核心是逻辑、抽象、推演和迭代，作为家长我应该如何建立好孩子的数学思维体系？

杨乐：

我认为，现在大多数家庭是独生子女，而且每个家庭的物质生活都得到了很大改善，也比较安定。因此，关心孩子的教育，很多家长也知道数学有很大的作用，所以希望孩子在这方面有很好的基础，我觉得这种心情是可以理解的。但是，家长不宜代替孩子做过多的筹划和安排，因为我们要尊重孩子自己的兴趣和他们的愿望，我们可以适当地启发孩子的主观能动性，启发他们的自觉性，把当前的学习跟今后国家的需求，如何能比较好地结合起来。但是如果我们代替他们来做筹划和安排，我认为效果不见得好，甚至于会让孩子觉得怎么给我加这么多的要求，时间长了，会产生逆反心理，甚至于对学数学有点厌倦。另外，我觉得有些家长总觉得是不是学数学有什么诀窍，有什么捷径？

主持人：或者怎么看出来这个孩子就特别适合学数学呢？

杨乐：

我觉得学数学没有什么诀窍，或者说没有什么捷径。比如说改革开放以后，陈景润成了一位典型。陈景润跟我是一个研究所的，他长期非常专注于哥德巴赫猜想，做出了杰出的成果。他并不是有什么特别的天分，或者有什么过人的天赋，我觉得最主要的还是长期专注和下功夫。如果说在学习阶段学数学要注意点什么，我觉得，就是你要多动脑、多动手。

刚才好几位院士介绍他们在各自的专业范围中间有非常高的建树和造诣，他们在研究工作的过程中必然会遇到很多的困难，要克服这些困难，他们要有很多的想法，而且他们能够实现这些想法。你要有想法，学习上就是你要多动脑，自己能有各种各样的想法。同时不仅要有想法，你有想法后怎么能实现这个好的想法，也就是说你平时要多动手，要做些训练。所以我觉得学习数学关键的就是要多动脑，要思考、钻研，以后就会有一些创新的思维。但是你还要多动手，就是说你有了好的想法以后可以实现它。

但是对所有的同学，我们应该提出一个基本要求，基本要求就是完成学校里的正课，学校里的教学大纲是教育部按照多年的经验，找了很多专家制定的教学大纲。所以对大多数同学，你只要能够完成正课，老师讲的你都能很好地领会了，课后把老师布置的作业很好地完成了，我觉得这就达到了目标。对绝大多数同学，不需要再上什么补习班、训练班，或者其他额外的东西，这是基本的要求。

如果说提高一点要求，有少数同学，这部分很有能力的、对数学很有兴趣的同学，他有一些空余的时间，可以发挥主观能动性，培养自己独立的能力，找一些感兴趣的数学题，再做一些课外题。

简单地说，初等数学是研究常量，是处理常量的数学，比较容易，概念性的、理论性的东西很少；而高等数学是处理变量的数学，所以它的理论性和概念性的东西很多。我觉得，如果在一些条件比较适合的中学里，老师、同学的条件都还比较合适，可以考虑在中学里就教一些微积分，也就是高等数学初步的东西，可以使这些同学较早地对一些概念性和理论性的东西开始接触和掌握得比较多一点。当然这是我所说的具备一定条件的，不是全国所有地方。这些供大家参考。

主持人：我们应该培养孩子多动脑、多动手的习惯，这样才能在数学上走得更远。欧阳院士说到火星，关于火星的问题就来了。比如网友"来自月亮上的我"问您，火星上有火星人吗？

欧阳自远：

这是网上非常红的问题，大家问得很多。这件事情的起因是19世纪后期，那个时候望远镜的技术进步了，很多天文学家用望远镜看火星了，就把图画了下来，结果画了以后发现火星上有很多曲线，他们就说怎么有那么多曲线，纵横交错。那个不是运河吗？既然那些线是河流是运河，既然有水，那一定是起灌溉作用的，人工挖出来的才那么直，天然的都是弯弯曲曲的河流。肯定说火星上有运河，有运河需要灌溉，有灌溉需要农业，有农业必然有火星人。结果很多科普书爆炸式地出版了，比如说就出版了地球人大战火星人，还有马丁叔叔，马丁叔叔就是外星人的样子，好莱坞大片也拍了很多火星人，这个事越炒越热。

但是现在要有证据，到底是不是运河？到底是不是起灌溉作用的？1960年，美国和苏联开始探测火星，发射火星卫星、火星轨道器探测火星，也拍了很多图片，一条运河都没有找到，后来发现天文学家们用的望远镜，大概在光学上有一个盲点，就是把这些都连起来，这个不是真实的记录，没有发现。但是人类还是不死心，因为比较起来，太阳系的八大行星，最有可能有生命的是火星，因为火星上有很多干枯的河床、干枯的湖泊，北半坡还有巨大的海洋，但是火星现在一滴水都没有。根据很多科学家的研究，火星曾经是一个生机盎然的星球。在太阳系的早期，它的条件和地球差不多，而且火星表面覆盖了大概有一百米深的水，很多科学家都赞成这个观点。

但是现在火星表面的水到哪儿去了？不知道。到底有没有生命？从开始探测火星第一个目标就是火星有没有生命，不一定有人，生命也了不起，不一定是高等生命，哪怕细菌都了不起，这是生命的诞生。所以科学家们集中精力探测火星有没有生命，结果就探测这个、那个，比如海盗一号、二号，以后很多探测器、着陆器，火星大气、火星环境都搞得比较好，就是没有找到火星有任何生命活动的痕迹，大家大失所望。

但是后来发现大气层里的甲烷，我们知道我们的稻田释放甲烷，人体排泄里也有气体是甲烷，那不是有生命的特征吗？但是甲烷有两个成因，一个是有生命排放的，还有就是自然界碳氢结合的无机的。后来一做也挺失望，也没有找到。后来火星上有石头掉到地球上来，我们都做过，火星、月亮等别的天体都有石头掉下来，美国有一颗在北极找到的，一切开，一拍照片，很多细菌。那就证明火星以前有细菌。后来各国科学家研究，说美国的研究是错的，外形像细菌，但实际上是天然形成的，也不对。

有水就应该有生命，就跟踪水去找生命，找到现在没有发现任何生命活动的痕迹，更不用说有火星人了。但是后来火星表面探测又提供了很多证据，拍下来的照片，有很多过去古代遗留的人类建筑物，这个跑不掉，后来一验证，全是假冒的。还有发现了火星人脸，眼睛、鼻子、嘴巴都很好，很大很大，那是一块石头，在合适的光照下拍摄的照片是人脸，所有证据都化为乌有。究竟有没有？看来火星人是不存在的，过去这些都是猜想，你允许他猜想，但是没有证据。

最近有一件事情，这是我们中国科学家做出来的。2004 年降落在非洲，有一块火星掉下来的石头，大家一定会问，火星为什么有石头掉下来？你怎么知道是火星来的？当别的小天体砸上去的时候，极高的速度，把火星、月球表面砸了一个大坑，月亮上的坑有几万个，大的砸下去就溅起石块，99%的石块都会掉回去，因为它有引力，要有逃脱它的速度才行，有些确实速度比较快，就跑出火星和月亮了，它在行星际运行，有机会碰到地球，碰到地球就掉到地球上，掉到城市的极其稀少，因为城市所占比例太小了，但有些掉到沙漠、掉到南极，我们中国在南极找到了 13000 多块天上掉下来的石头。同时还找到几块月亮来的，有两块火星来的，我们也研究了一下火星上的石头，证明以前有过水，但是水都跑掉了。

那我们做了一件什么事情呢？掉在非洲沙漠里的火星陨石我们买回来，我们做里面碳的颗粒，分析这个碳是有机还是无机的，我们做同位素，我们现在有这个能力。做出来的结果有一个极大的发现，所有这些碳的颗粒是来自有机质的来源，证明它以前是生命，但是至于是什么生命我不知道。比如说拿一小块煤给我，我一定做出来这个碳来自生命，那是来自过去的植物。你拿一滴石油给我，我一做分析马上可以知道石油里面的碳来自生命，就是以前海洋里面或者别的微体生物，这个碳跟非生命来源的碳，同位素有一个极大的差别，但是一做火星，这个碳都在有机的那一头里。中国的科学家希望发在《自然》上，最后在欧洲发表。2014 年 12 月 2 日公布了，中国证明火星曾经有过生命，但是我要说清楚不是火星人，而是生命。哪怕是最低等的生命都是了不起的。

结果 2014 年 12 月 16 日，NASA 举行了全世界的记者招待会，宣布好奇号在火星上做的工作，证明火星曾经有过生命。两家结论一样，中国发表比他早半个月。所以现在大家的观点，火星曾经有过低等的生命发育过，但是现在没有找到任何生命活动的踪迹。这是现在大家普遍一致的看法。但还有一条，是不是藏在地底下。明年我们中国要去火星，我们有很多科学目标，我们有一个卫星绕火星飞，有一个火星车在火星上走，一路走一路探测，天地联合探测，我们还有一台仪器，我就要探测全部火星地下水在地下的分布，你是看不到的，我们希望明年能够做出来，到底火星地下有多少水，到底是怎么埋藏的，怎么分布的。沿着这个踪迹，科学家们始终没有丧失信心，希望在火星找到生命存在的痕迹，但是绝对没有火星人，这是现在的看法。我们还要继续努力，继续探索，我们还要从火星采样返回。明年就去火星了，再过几年我们要采样返回，我们也在探索生命。难道只有地球有吗？奇怪了，为什么别的星球就没有，真的太难了。

我们地球上38亿年、40亿年以前出现了最原始的生命，历经沧桑，38到40万万年，而人类的出现才200万年。假如地球算一天的话，人类就是几分钟，我们的五千年文明连一秒钟都不到。所以是很艰难的历程。但是生命发展过程中，经历过多次劫难。6500万年前恐龙灭绝就是一个小天体砸到墨西哥半岛上，最后导致整个生态环境的改变，地球上100多万个物种，70%被灭绝了，尸体到处可以找到，我们找到了全部证据。在西藏拉萨，因为那个时候是海洋，那些所有撞下来的尘埃都会落下去，当时地球变得黑暗了，70%的阳光被遮盖了，地球表面的年平均温度下降了16摄氏度，植物不能进行光合作用，大批死亡，而以植物为食物的恐龙，由于食物链中断而死亡。恐龙只是代表，70%的约上百万物种灭绝，但是地球上的生命从来没有过一次绝对灭绝过。生命是顽强的，绝对不像有些人说的是全部死光了，又来一次，又死光了，又来一次，一直延续到今天，最后生命当中出现了高等智慧的人类，建立了高度文明的社会，这是自然的历史，千真万确的。

所以至于外星有没有生命？我们联系太远了，200万光年的天体，科学家们说我们找到了地球的表兄弟，找到了2.0版的地球，太难了。比如2000光年，我要发一封信，要2000年以后才能收到。它再发给我，我要 4000 年才能知道答案。他看到的不是现在的中华人民共和国，而是桃园三结义。我觉得这件事情，大家的期盼完全可以理解，但是科学现在来说并不是很高级的，人类的文明是比较初级的文明，我坚信以后会越来越清楚，特别是孩子们，你们将来去揭开这些谜吧。

主持人： 一堂生动的科学课。我们再看下面的问题。说到"蛟龙"号还有刚才的科研成果，大家还很关心的就是跟我们的生活有什么样的关系，这位网友"雪域飞豹"问徐院士，"蛟龙"号应用在哪些领域，对我们的生活有什么影响？

徐芑南：

"蛟龙"号的应用的例子，第一，开创了我们国家在深海探矿的高效工作模式。以前开矿工作，海底那么深，很多海底情况的了解以前往往是从水面上采用一系列探测的工具来做的，不能面对面像陆地上的调查一样，比如刚才几位院士提到的，勘探队的科学家们都亲自带着镐头到矿山上取回一块块矿石进行实验研究，我们载人潜水器的最大特点就是载人，也就是说把人的脑袋、眼睛、手带到你需要了解的那个地方去。"蛟龙"号的作业范围可达 99.8% 的海域。这样就可以对整个海底矿物资源直接进行探测工作了，我们叫它直接观察、直接取样、直接测绘。这个新的模式产生以后，使得我们探矿的效率大大提高，正因为我们有了这样的手段，所以国际海底管理局批准给我们国家专属矿区，是世界上数量最多、种类最全、面积最大的，没有国际海底管理局批准自己不能开采的，这就大大提高了我们国家在国际深海空间治理的话语权，这是我们"蛟龙"号在这五年里面做的第一个方面。

第二，拓展了我国深渊科学研究新领域。"蛟龙"号首次在马里亚纳海沟区域的 6500 米到 7000 米深度范围内进行了深渊科考作业，国际上第一次在该区域发现了活动的泥火山，我们录像录下来了，它就像火山喷发一样的，但它喷出来的不是火，这是地质现象，并且又在旁边的雅浦海沟找到了瓷海星的新的海底物种，所有这些使我们国家拓展了深渊研究的领域，在"蛟龙"号以前我们国家没有这方面的工作，现在做的这些工作，同样也大大助推了国际上深渊科学研究的进展。

第三，我们也可以应用在深海打捞、深海考古，深海打捞的例子我不举了，深海考古方面我们用"深海勇士"号载人潜水器的考古活动做例子，它在南海 1000 多米深的地方对沉船进行打捞，捞上来的有陶瓷罐及碎片等，上面都有一些微生物，是哪一个朝代的，什么样的背景，正在做进一步的鉴定。

最后一点可能也是大家比较感兴趣的，就是大大加速了深海生物基因产业的发展，特别是对抗癌、抗菌，深海生物基因的新产品将来会有很大的开发，这也就使人类生命健康水平可以大大提高，这方面的工作都在做，我们也在参与其中。我想这些我就简单地举几个例子吧。

主持人：谢谢您。看到网友已经在热烈讨论了，刚才欧阳院士说到火星，有的网友已经在说了，您一直说明年可以上火星，我期待着可以上火星转一圈，眼见为实。刚才您说到潜水器，我们网友就问到什么时候可以到深渊里面去看一看，科学真的给我们带来了无限的可能。接着问网友的问题，网友"樱花城堡"：请问窦贤康院士，我是今年考入武汉大学的一名新生，很激动能全程听完您的演讲。您是 1995 年回国的，所以我想让您分享一下当年留学的感受？另外作为今年演讲的唯一一位大学校长，您对我们有志将来从事科学探索的大学新生有什么寄语？

窦贤康：

我是 1989 年国家公派出国留学的。现在想起来，当时得知我要出去留学的时候，那时候的想法是很朴素的，我第一感觉就是我父母把我们兄弟姐妹四人培养大不容易，将来我可以让父母生活得更好一点。到法国去以后感触很深，当时去北京机场我们要坐公共汽车，要转好几次，北京机场也没有几架飞机。第一天到巴黎的时候，相当于现在的四环五环，看到小轿车，和现在的北京一样，车水马龙，红红的尾灯。作为年轻一代的大学生，我们中国人这么多，我们这么勤奋、这么勤劳，为什么我们会比他们过得差这么多？所以那时候博士毕业以后，客观讲要想留在法国也是可以留下来的，去其他国家也是可以的，后来想想还是回国工作吧。

走过 20 多年，我在大学长期负责人才招聘工作，我就讲，钱学森这一代科学家，他们放弃了美国优越的生活条件回到中国来搞起"两弹一星"事业，给中华民族的安全提供了基本保障。我们这一代中国人也挺好，改革开放以后进入大学读书的，我们参与了中国改革开放二三十年的全过程，现在回想起来，这段经历我不后悔，我没有想到当院士，也没有想到当校长，那时候就是想帮助大学干一些事情就足够了。我觉得中国要到2035年或者2050年成为世界一流的科技强国，现在主要是靠你们。这就是给大学生的期望。

给新生这样一个寄语：中国作为世界的一个大国，少有的受到欺负的国家，所以中国的知识分子和其他国家知识分子相比多了一份责任，就是强国的责任，这是其他国家知识分子没有的，只有中国人经历过那一份苦难，所以中国知识分子都有一个强国的梦。现在年轻人生活在相对发达的社会，但是我还希望年轻人保持这样一种心态，一定要把实现自己的梦想和实现中华民族伟大复兴的梦想紧密结合在一块，这是第一条。

第二，我最近有机会给李克强总理当面汇报，结合目前中国基础教育出现的一些变化，指出年轻人肯下功夫、刻苦专注的精神在减弱。我们要努力成为科技强国，在科技最核心、最难的地方，不下功夫、不专注，只是靠敲锣打鼓、快快乐乐是实现不了的。所以年轻人要有远大理想，要了解到科技的核心要素所在，专心、静下心来打好基础，这样才能为我们国家成为世界一流的科技强国作出年轻人应有的贡献。

主持人：我想问一下周院士，我们普通人可能成为航天员吗？

周建平：

首先每个人都有可能。但是第二点，航天员是非常特殊的职业，应该说成为航天员的机会并不是那么多的。我们航天员现在有几种类型，一是驾驶员，我们一般从飞行员当中选拔；第二类是飞行工程师，飞行工程师在飞行器上面，在太空要从事飞行器的管理，包括维修、升级；第三类是科学家，我们叫有效载荷专家，我们有大量的先进的科学设备，人在上面从事研究效率是最高的，但是需要这方面懂专业的科学家。所以说我们有三类，大家也知道，去年我们在做第三批航天员的选拔。我们这次选拔的范围应该说是比过去大了很多，航天相关的工业产业部门、科学研究机构、相关大学都可以报名。在很多方面航天员还需要很高的条件，第一得身体好，那不是一般的身体好，因为太空飞行环境的条件很特殊，也很挑战人的极限。比如说我们正常的飞行，飞行过载大概是接近 5 个 G 的水平，也就是说你身体上有 5 倍的重力在你身体上。当返回的时候，比如说降落伞开伞的瞬间，这个重力还要大很多。当然我们还有应对万一的救生措施，比如上升段出现可能危及人的安全的风险，我们还有一套救生措施，救生过程的过载水平也会很高，这是一种过载。

太空的环境是一个微重力，也就是我们所说的失重环境，你要较快适应太空的失重环境才能去工作，包括生活。我刚刚说了，我们航天员在轨道上一般来说今后是 6 个月的飞行时间，我们会准备一些医疗的条件，但那不是在地面，不会有医院，一般来说也不会有专业的医生，所以说身体条件好也是保证每个乘组完成全部任务的一个很重要的条件。

第二，你要有很好的职业技能，刚才我介绍过，驾驶员、工程师、载荷专家。虽然他们除了按他们的身份完成他们的任务以外，他要承担，大家应该能够交叉地、互相备份地、共同协同地去工作，所以你需要了解很多东西，你的知识、技能。

第三，我们的航天员要有非常好的心理素质。一方面是应急的能力，刚刚徐院士讲了，我想在深海应该也一样。当出现应急的情况的时候，应该能够临危不惧，能够妥善处理。你也要有很好的合作能力、心理相融性。在太空实际上是很孤独的，三个人就那么长期待着，大家应该能够想象到，还是比较枯燥的，你要有很好的心理素质、心理相融性，你才能够尽快地适应那样的生活，并且能够高效地完成自己的任务。

所以说对航天员我们其实有很多要求，我们的航天员训练也是一个比较长期的过程，也是我们载人航天里面很关键的一个环节，所以我说机会都有，但应该说也有很严苛的条件。当然，航天也是一个很大的领域，我们为了实现把航天员送入太空，有各方面的科学家、工程师在工作，其实这也是在为航天发展做贡献。谢谢。

主持人：还有最后一个问题，刚才杨院士跟我们讲了很多关于数学思维培养方面的一些想法。网友"飞快的胖丫丫"：杨院士，现在中国社会越来越重视基础科学教育，也特别强调了数学在科技领域上的重要作用。您对此怎么看？

杨乐：

要使我国以后在经济上、国防上，以及各个方面，能够持续地很好地发展，就必须加强对基础研究的重视，尤其是数学发挥的重要作用。回顾 20 世纪以来科学的发展，特别是最近几十年科学上的发展，我觉得各门科学以及高新技术，他们用的数学知识和数学工具越来越多。就像刚才几位院士介绍的，他们在各自领域上做出了非常突出的成果。他们在研究过程中，实际上突破了非常多的困难，包括运用数学的知识和工具，在这里面发挥着非常重要的作用。

几十年来随着计算机的发展，近年来随着互联网的发展，对于经济和科技的推动很大。无论是计算机或者是互联网，数学可以说起着非常关键的作用。那么今后状况怎么样呢？我觉得今后这个趋势还会越来越强。比如现在对各门科学和高新技术的研究，中间很重要的一个方向就是它的数字化、精密化、智能化，要很好地做到这几方面，必然要借助数学的工具，往往你借助的数学工具越所谓高深，你所达到的效果就会越好。

还有非常重要的一条，数学对人的创新能力培养起着非常重要的作用。刚才几位院士都提到。我们现在寄希望于年轻学者很好地成长，寄希望于现在的青少年能够接过创新发展的重任。而他们要很好地培养自己的创新能力，其实最重要的一门学科就是数学。所谓创新能力，我认为是一个综合的能力，他要有几何直观的能力，他要有严谨的逻辑推理能力，他也要有证明和计算的能力，好多种能力综合到一起，使得他对很多事物能够产生非常好的想法，而且最终可以实现它。

这些都离不开平时对于数学很好的学习和掌握，学习要达到目的，不是说单单懂得它的推理就行了，你要掌握它的本质，好像是当初还没有这样的理论、没有这样的工具，如同当初的学者怎么建立这样的理论，怎么样创建这样的工具，你好像是重复他的研究过程，如果能从这方面做得比较好了，你的能力就不断增强了。

20世纪中期以后，计算机出现并开始发挥效用，我们需要一大批计算机科学的人才，我上大学时，大学里没有计算机专业，没有专门培养这样的人才。但是后来，我们需要计算机的人才，这方面的人才从哪儿来呢？无论哪个国家都是这样，从数学家转成计算机科学的人才。比如我们现在很需要人工智能的人才，过去学校里也没有这个专业，那我们从哪儿找呢？数学人才队伍中可以提供这些人才，因为他们有数学修养。所以我们现在提出要加强对基础研究重视，我们要注意数学的作用，这是非常好的，因为数学确实对高新技术也好，对培养创新人才也好，能够起重要的带动和引领作用。

主持人：我们再次感谢杨院士。一代人有一代人的奋斗，一个时代有一个时代的担当。科技创新大潮澎湃，千帆竞发勇进者胜。在这里，我们感谢五位院士为我国科学技术发展做出的卓越贡献，也感谢广大科技工作者追求真理、勇攀高峰的科学精神，感谢他们勇于创新、严谨求实的学术风气，感谢他们在科学前沿孜孜求索，在重大科技领域不断取得的重大突破。

庆祝中华人民共和国成立 70 周年
系 列 论 坛

第二场

2019 年 8 月 22 日

the Second Part

王会生 / 陈德荣 / 刘石泉 / 李东生 / 雷军

王会生

书记、董事长

国家开发投资集团有限公司党组

国投：为国而投的故事

王会生

　　谢谢主持人！各位观众、各位网友，大家上午好！很荣幸参加这个重要论坛，跟大家一起分享国投集团的故事。新中国成立70年，从经济角度看，大体上可分为两个阶段，前30年搞建设，后40年搞改革开放。前30年以计划经济为主，后40年是探索建立社会主义市场经济。这40年的改革，有两条主线：一是改体制，二是调结构。中国人常用水势来比喻形势，讲发展潮流。一个国家，一个企业，要发展得好，就要顺应国家发展大势、顺应党心民心。

　　伴随着改革开放大潮，国投作为我国第一家国有投资控股公司应运而生。20多年一路走来，国投顺应国家大势，服从服务于国家战略，把"为国而投"作为我们的使命和担当。今天，我特意带来了两杯水，来说一下我们改革和转型发展的故事。

　　这"第一杯水"来自四川雅砻江。雅砻江上有我们规划建设的22座

水电站，建成后总装机超过三峡，目前已建成 5 座，装机 1470 万千瓦。以它为代表的电力、交通、煤炭等国投早期的投资项目，是我们改体制的象征。雅砻江水电公司的前身是二滩水电站，是 20 世纪建成的亚洲最大水电站，由中央和地方共同出资，所以它也是我国按照现代企业制度和法人治理结构组建的第一个项目开发公司。

1995 年，国投成立之初，继承了原来计划经济时期形成的上千个项目，"多小散差"，管理关系不顺，怎么办？刚好那时候第一部《公司法》正式实施，现代企业制度就成为我们代表国家出资、争取国家投资权益的重要法宝。因此，从国家层面说，改体制，就是从计划经济，到商品经济，再到社会主义市场经济的改革过程。对国投来说，改体制，就是按照现代企业制度框架，搭建投资控股公司的管控模式，使国有资本发挥最大效率、收益最大化。我们把国投做成一个靶子、一个引子，真正把投资控股公司这种模式固定下来，让它发挥更大作用。

党的十八届三中全会提出，组建国有资本投资公司运营公司，"以管资本为主加强国有资产监管，改革国有资本授权经营体制"。当时我的第一感觉就是：这一刻，我们等了 18 年！我们的发展模式终于得到了中央的认可。2014 年，国投被确定为首批国有资本投资公司改革试点。我们铆足劲儿，推动子公司分类授权，完善"小总部大产业"管理架构，构建大监督体系，加强党的建设。其中，最关键的就是在改革进入深水区后，敢于啃硬骨头，让国投成为深化国资、国企改革的试验田，努力结出好果子来。

事实证明，这个果子可以说"酸中带甜"。酸，是因为改革过程的确很难，都是硬骨头；甜，是国投通过试点改革，提高了国有资本的投资效率，增强了企业活力。这几年，我们按照市场化原则组建 5 家基金管理公司，不追求绝对控股，国有资本只占 40%，让各类社会资本在董事会这个平台上真正发挥作用。在用人机制上，基金管理层全部"脱军装"，成为市场化选聘的职业经理人。在决策效率方面，让子公司真正成为独立的市场主体，活力大增，比如国投电力投资的英国海上风电项目，总投资 26 亿英镑，从项目启动、谈判、签约到交割，只用了短短 5 个月的时间，比过去缩短了一半以上。

20 多年来，国投发挥了国有投资公司的独特作用。一是投资导向，二是调整结构，三是资本经营。在央企中间，像航天、宝武，这些产业公司如果说是共和国经济的脊梁，那么投资公司就是灵活的双手，这也是投资公司的优势所在。

大家再来看，这"第二杯水"，是来自云南洱海的水。2015 年，习近平总书记来到云南大理洱海边，了解洱海生态保护情况，他同当地干部合影后说："立此存照，过几年再来，希望水更干净、清澈。"现在，洱海边上的环境更好，游客在景点前一个劲儿拍照。游客们可能不知道，就在那些漂亮的网红景点附近，在沿湖地面的景观之下，就有国投水环境企业建设的 6 个地下污水处理厂，改善了洱海的环境。这第二杯来自洱海的净化水，它是我们转型发展、"调结构"的象征。

从国家层面来看，调结构，就是从粗放到集约，从高速度到高质量发展的转变过程。对国投来说，调结构，就是根据国家经济社会发展的需要，调整产业布局和区域布局，更好地服从、服务于国家战略。改革开放前 30 年，能源、交通是制约国民经济发展的瓶颈。这个时期，国投找准国民经济的痛点和难点，重点投资了一批关系国计民生的重大项目。比如，我们在天津北疆区域，通过海水淡化，建成我国第一批循环经济示范

我国第一批循环经济示范项目——国投北疆电厂

项目；在新疆罗布泊无人区，投资建成了全球储量最大、产量最大的硫酸钾生产基地，使我国钾肥进口依存度，从 75% 下降到 40%。

最近这些年，中国经济经过多年的高速发展之后，产能过剩、环境资源问题成为高质量发展的难题。党的十八大以来，国投积极推动供给侧结构性改革，坚决调整，可以说是壮士断腕，我们把自己干了 20 多年、曾经给国家贡献 260 多亿元利润的煤炭业务，总共 500 多亿元资产，一次性、整体移交给其他中央企业，成为第一家煤炭业务整体退出的中央企业。

党的十九大之后，国投又进一步把"为美好生活补短板，为新兴产业作导向"作为自己的战略定位，按照中央提出的制造强国、网络强国、质量强国、美丽中国、脱贫攻坚、创新驱动等战略部署，加快培育发展新业务，逐步向先进制造、生态环保、生物乙醇、智能科技、健康养老、检验检测等方向转型。

我们通过股权投资基金这种投资方式，引导新兴产业发展，同时实现"国民共进"。国投旗下有 5 家基金管理公司，管理资金 1600 亿元，超过 70% 都投向了民营企业，直接、间接地支持 2000 多家民营创新型、中小企业发展。比较有代表性的企业包括寒武纪芯片、宁德时代、斑马网络、阿斯利康制药等一批在行业上全球领先的企业。在科创板首批 25 家挂牌交易企业中，有 5 家是国投基金投资的企业。国投还发起并管理两支国家级扶贫基金，助力精准扶贫。

通过这个转型，使我们的投资更多地满足国家战略的需要，真正做到"为国而投"。现在，国投传统产业资产占比下降到 45%，金融服务业、战略性新兴产业占比上升到了 55%，从一家资源型、基础产业为主的传统投资公司，转变为一家服务战略性新兴产业的国有资本投资公司，成功实现了新旧动能转换。在国资委业绩考核中，国投成为连续 15 年 A 级的

8家央企之一，国投利润平均每年增长20%以上。

可以说，国投的诞生，是经济体制改革的产物；国投的发展，就是经济增长方式转变的结果。这两杯水，既浓缩了国投的发展历程，也是国家40年来，改体制、调结构两条主线的一个象征。因此，国投的故事，也是新中国70年辉煌成就宏大叙事的一个小插曲。

今天，在这个时刻，回顾国投的发展历程，我有几点体会：第一，必须始终坚持服务国家战略，为国而投；第二，必须始终坚持改革创新，健康发展；第三，必须始终坚持市场规律，加强管理；最后最重要的一条，必须始终坚持党的领导。对于国有企业来说，坚持党的领导、加强党的建设是我们的根和魂。面向未来，面向这个伟大的新时代。我相信，国投还会释放出更大的力量，"国投之水"也会培养出更多、更美好的果实，为国家的富强、人民的美好生活，贡献国投的力量。谢谢大家！

演讲视频二维码

陈德荣

中国宝武钢铁集团有限公司党委书记、董事长

钢铁报国　共筑中国梦

陈德荣

主持人、各位网友，大家上午好！非常高兴能有机会参加庆祝中华人民共和国成立 70 周年系列论坛，代表中国最大、全球第二的钢铁企业——中国宝武钢铁集团有限公司，和大家作交流。

70 年前，毛主席在天安门城楼上向全世界庄严宣告中华人民共和国成立，标志着中华民族浴火重生，开启了民族复兴的伟大新征程。70 年来，中国一跃成为全球第二大经济体，钢铁工业发挥了不可替代的作用。但是，这些年随着新经济的崛起，钢铁好像被人们有所淡忘，甚至相当部分人还停留在以前"傻大黑粗"的刻板印象里，把它视作传统、过剩和落后的代名词，其实非也。今日钢铁已非昨日钢铁，中国宝武位列《财富》世界 500 强第 149 位，绝不是靠"傻大黑粗"就能达成的。我希望通过今天的交流，使大家对钢铁，对中国宝武有个全新的认识。我和大家交流四点。

　　一、人类文明发展史，就是一部材料发展史，没有钢铁就没有我们今天人类的现代文明，没有钢铁就会落后挨打。人和动物最大的区别就是人会制造和使用工具。工具从哪里来？就从材料来。人类的历史，除了可以用社会形态、生产关系等作表征，材料也是一个非常重要的表征。石器时代对应原始社会，青铜器时代对应奴隶社会，铁器时代对应封建社会和农耕文明，而钢铁就是近现代工业文明的脊梁，所以人类文明发展史其实就是一部材料发展史。

　　19世纪中叶，刚刚完成工业革命的英国以区区几百万吨占据了世界生铁产量的一半，稳居世界工业霸主地位。20世纪前半叶，美国以8000万吨钢占据全球钢产量的一半，成为世界第一强国。而百余年前的中国积

▍宝钢股份一号高炉大修纪念广场

贫积弱，受尽了外国列强的欺凌，尽管洋务运动的先驱者立志"富国强兵"，在上海江南制造局建造炼钢厂、在武汉创办汉阳铁厂——也就是我们中国宝武的前身，奠定了近代民族钢铁工业的根基，但产量相当有限。抗战全面爆发前，中国的钢产量约 55 万吨，大半还是在被日本占据的东北，国统区产量只有四五万吨，而同期的日本则为 580 万吨，中国仅仅是它的 1% 都不到。因为钢铁的匮乏，当时中国的工业基础非常薄弱，无法大规模制造武器大炮和其他工业需要的母机车床，我们只能处于被动挨打的局面。这是我们中国钢铁人的"痛"，也是旧中国的"伤"。

二、新中国成立后尤其是改革开放以来，我国钢铁工业取得巨大发展，支撑中华民族迎来了从站起来到富起来、强起来的伟大飞跃。新中国成立初期百废待兴，全国的年粗钢产量不过 15.8 万吨，远不能满足国家建设、国防安全、工业发展的需要。当时毛主席说，一个粮食，一个钢铁，有了这两个，我们就什么都不会怕了。国家从"一五"计划大兴钢铁工业，钢铁人积极响应，撸起袖子加油干，展现了特有的使命情怀和家国担当。1958 年武钢投产，毛主席亲自去看高炉出铁。

中国钢铁工业真正的振兴是在改革开放以后，为快速实现"四化"，当时国家提出了"十大钢铁元帅升帐"。1978 年，全国钢产量突破 3000 万吨，为了这 3000 万吨，国家还在人民大会堂开了庆功大会。1978 年 12 月 23 日，党的十一届三中全会闭幕的第二天，宝钢工程打桩。宝钢也因此成为中国改革开放的一个标志性产物。

一代代钢铁人在中国共产党的正确领导下不懈奋斗，使我国钢铁走出了紧缺的困境。1996 年，我们的粗钢产量突破亿吨大关，2018 年达到 9.28 亿吨，占据全球半壁江山，创造了世界钢铁史上从未有过的奇迹。尽管金融危机以来因种种原因我国钢铁工业遭遇产能过剩尤其是结构性失衡，但

宝钢股份冷轧厂 008 智能车间

如果没有钢铁，现在随处可见鳞次栉比的高楼大厦、纵横交错的高铁动车和四通八达的高速公路就无从谈起，我国造船工业也不可能在全球占到那么大的比重，航空母舰、导弹驱逐舰更加是空中楼阁。中国综合国力提升和经济腾飞离不开钢铁，中华民族伟大复兴需要制造业的支撑，同样也离不开钢铁，这点无法否认。

三、今日之钢铁不再是汗流浃背、烟熏火燎，中国宝武坚持绿色、精品、智慧发展，是积极谋求转型发展的高科技企业。中国宝武今年钢铁产能要超过 7000 万吨，我们预计有可能在明后年达到亿吨的规模水平，要力争成为全球第一，是一家名副其实的钢铁航母级企业。我们始终坚守着钢铁报国这样的初心使命，紧紧抓住科技革命的机遇，把自己定义为一家以钢铁业为主要价值载体的高科技企业。

　　坚持绿色制造。我们按照"高于标准、优于城区、融入城市"的要求实行"三治四化"。废气按照超低排放的要求，从源头管控和终端治理双管齐下；废水零排放，在试点示范基础上大力推行废水循环利用；固废不出厂，变废为宝，实现废弃物产品化利用。通过洁化、绿化、美化、文化，厂区绿地率基本上都达到了百分之三四十以上，实现花园工厂的要求。可以说每一个钢铁生产基地厂区环境的状况一点儿都不会比周边的城区要来得差，非常优美。

　　坚持精品化制造。我们坚持实施前瞻性科技创新战略，既关注尖端产品实现差异化发展，又积极探索精品技术向普通产品的延伸和创效。汽车板产量全球第三，硅钢产量全球第一，自主研发的新一代汽车高强钢、取

▎无人驾驶重载框架车

向电工钢、高等级家电用钢、油气管、桥梁用钢、热轧重轨等处于国际先进水平。

同时我们坚持智慧制造。我们实行"四个一律"，跟过去大不一样，"四个一律"，第一个就是操作室一律集中，实现了本质化的安全；第二个，设备运维监测一律远程，和小米的5G未来可以很好结合；危险的、重复的、简单的操作岗位，一律用机器人取代；同时服务环节一律上线，打造一种极致高效安全的智慧钢厂。今天大家可能想象不到，我们在广东湛江的高炉可以在上海远程操作，工人动动鼠标就可以炼钢，员工工作环境以及智能化水平都得到了极大提升。"智慧制造＋智慧服务"双轮驱动整个商业模式的创新，提升产业链全要素生产率。

四、坚守钢铁报国初心使命，中国宝武要致力于成为全球钢铁业引领者，全面助力实现中华民族伟大复兴中国梦。钢铁强则制造强，制造强则国家强。所以中国宝武正全力以赴，不忘初心，牢记使命，按照习近平总书记提出的"培育具有全球竞争力的世界一流企业"指示精神，以"成为全球钢铁业引领者"为愿景，放眼全球开放合作共建共享高质量的钢铁生态圈，推动产业升级，为人民幸福、民族复兴提供强有力的钢铁后盾。

大国有钢铁，钢铁看宝武，希望我们能有更多的优秀人才加入到中国宝武的伟大事业中来，大家共同努力，让全世界看到不一样的中国钢铁，向全世界展示不一样的中国制造！

演讲视频二维码

刘石泉

中国航天科工集团有限公司

党组副书记、总经理

科技强军　航天报国

刘石泉

　　大家好！很高兴有机会参加此次活动。今天，我想与大家谈一谈，航天科工服务国家战略、服务国防建设、服务国计民生的创新实践。

　　一是服务国家战略。中国航天事业的使命就是服务国家战略需要，就是要在一穷二白、百废待兴的新中国，靠自力更生、艰苦奋斗，用中国人的智慧，研制出"两弹一星"，捍卫国家安全，保卫新中国不受帝国主义的武力威胁和讹诈。在"两弹一星"研制成功时，毛主席高兴地说：在今天的世界上，我们要不受人家欺负，就不能没有这个东西。邓小平同志说：这些东西反映一个民族的能力，也是一个民族、一个国家兴旺发达的标志。党的十八大以来，习近平总书记提出"航天梦"和新时代强军目标，发出建设航天强国动员令，指出基础的、核心的东西是讨不来买不来的。而造就这些东西，靠的就是一代代航天人忠诚于党、忠诚于祖国、忠诚于人民的赤子之心和实际行动，靠的就是航天人自力更生、自主创新、

中国航天科工研制生产的型号装备在阅兵式上接受检阅

勇攀高峰的接续奋斗和无私奉献。

1950 年，作为美国麻省理工学院理学院最年轻的终身教授，钱学森为科技报国毅然决定回国。时任美国国防部海军部副部长金贝尔说："钱学森是制造火箭导弹的顶尖专家！他太有价值了，在任何情况下都抵得上 3 到 5 个师的兵力！我宁可毙了他，也不要放他回共产党的中国。"为此，钱老受到美国政府迫害，失去自由，历经 5 年才艰难回到祖国。回国后，钱学森全身心投入到祖国的火箭和导弹事业，为创建和发展中国的航天事业作出了巨大贡献。还有我的导师，20 世纪 50 年代留学苏联回国的王振华总设计师，在身患癌症的情况下，从来没有想到要休息一下，坚持

快舟一号甲运载火箭圆满完成商业发射任务

不懈地带领我们刻苦攻关，不到 58 岁就离开了我们，用自己的生命服务于国家战略需要，在谱写祖国航天事业新篇章征程中奉献了对党和人民的忠诚。

二是服务国防建设。作为履行"强军首责"的军工企业，航天科工的使命就是"科技强军、航天报国"，我们最大的责任就是为党和人民打造更多好用管用的大国重器。多年来，航天科工为国防装备建设提供了众多填补空白、开创先河、满足急需的导弹武器装备，"东风"劲吹，"红旗"招展，"鹰击"长空，"长剑"啸天，系列化的导弹武器有力地支撑了国防高技术装备成建制、成系统形成作战能力和保障能力，为增强我国国防实力、维护国家主权和领土完整、捍卫国家安宁与发展筑牢了安全基石、提供了战略支撑力量。2018 年，航天科工第五次作为牵头单位摘得国家科学技术进步奖特等奖桂冠，获得中国专利金奖一项。先进的武器装备靠什么？就要靠我们广大科技人员去创新。中国航天从诞生之日至今，始终面临着超级大国的封锁和制裁，关键核心技术是要不来、买不来、讨不来的。

作为我国第一型潜地固体战略导弹"巨浪一号"的总设计师，黄纬禄下定决心一定要搞出自己的"争气弹"！在研制过程中，黄纬禄老总带领团队大胆开创了中国人自己的潜地导弹研制方法。当时已年过六旬的黄纬禄，由于长时间超负荷工作以及巨大的精神压力，体重少了11公斤。有人说，黄老这是"剜"肉"补"在导弹上，成就的却是民族的希望和骄傲！1982年，"巨浪一号"潜地固体战略导弹发射试验成功，使我国拥有了应对核威胁与核讹诈的有效反制手段，让中华民族的脊梁挺得更硬、更直！

航天人"干惊天动地事、做隐姓埋名人"，有的科技人员一年超过300天奋战在外场试验，有的连续11个元旦都在戈壁滩度过，而没有时间来照顾家人，他们说：选择航天，付出再多也值得！

三是服务国计民生。作为践行"富国强军"的创新企业，航天科工积极运用航天技术服务国民经济建设，履行社会责任。比如，与电影《流浪地球》一起"火"起来的快舟火箭，创造了国内固体火箭入轨精度新纪录，大幅地降低了商业发射成本；虹云工程技术验证星成功发射并开展在轨试验，标志着我国低轨宽带通信卫星系统建设迈出了实质性一步，为我们推进空间互联网建设，实现万物互联打下良好基础；自主研制的500吨级推力商业航天固体运载火箭（一级，减装药状态）地面试车取得圆满成功，标志着我国大推力、高质量比固体运载火箭关键技术取得重大突破，为未来载人空间站和天地往返提供新的低成本运载工具。再比如，我们着力推动新一代信息技术与实体经济深度融合，倾力打造中国首个工业互联网平台——航天云网，促进企业自身的数字化、网络化、智能化、云化转型，为制造业转型升级赋能。我们把航天信息技术运用于金税、金卡、金盾等重大工程，为国家的税务、公安、粮食安全都作出了重要贡献。现在异地可以办理身份证，港珠澳大桥可以实现便捷通关，背后都有航天技术的支撑，极大地便利了老百姓的生活。

新中国成立之初，我们曾被戏言是有国无防，缺乏装备。但现在，我们武器装备成为国家安全的重要基石和民族复兴的重要支撑，让网民朋友能自豪地说："东风快递，使命必达。"每次在阅兵观礼台上，当我看到航天科工研制生产的型号装备接受党和人民的检阅时，感到一股强烈的自豪感

▌ 中国航天科工研制生产的型号装备在阅兵式上接受检阅

和荣誉感，更感受到沉甸甸的使命和责任。航天科工将不断推进自主创新，研制出具有世界先进水平的系列导弹武器装备，为祖国牢牢筑起坚不可摧的钢铁长城，在新时代创造让世界刮目相看的航天奇迹！

演讲视频二维码

李东生

TCL 创始人、董事长

变革创新　成就领先

李东生

　　各位观众、各位网友，大家好！我是 TCL 创始人李东生，今天很高兴能和大家一起交流分享 TCL 的成长经历。TCL 创立于 1981 年，早期我们生产录音磁带，后来进入电话机、彩电和通信等产业，现在已发展成为半导体显示和智能科技领域的领先企业。我大学毕业后就放弃政府机关工作机会，参与创立了 TCL，坚守实业 38 年，从工程师成长为国际化企业掌舵人。TCL 的发展，历经了中国改革开放的全过程。

　　在企业初创阶段，以录音磁带、电话机成就了 TCL 品牌。TCL 的前身"TTK 家庭电器有限公司"，是中国最早的中外合资企业。20 世纪 80 年代初，我们从做自己品牌的录音磁带起步，再发展到程控电话机，同时开展各种电子产品的来料加工业务，逐步培养起产品技术、制造和工艺能力。国内第一台无电源免提电话机就是 TCL 在 1986 年生产的。1990 年前后，TCL 电话机占据了国内电话机预装市场的 60%，成为全国最大的

| TCL 液晶产业园

电话机供应商。TCL 也从一个初创的小作坊企业，发展为初具规模及竞争力的企业。

20 世纪 90 年代初，中国改革开放再掀高潮，TCL 也开始对标国际企业，通过产品技术创新，成功拓展大屏幕彩电业务，打破日本彩电品牌对中国市场的垄断。同时，探索创新商业模式，成功自建营销网络；率先推进企业体制改革，建立股份制企业和现代企业制度。在此阶段，TCL 从"中国电话大王"到"中国彩电大王"，TCL 王牌彩电家喻户晓。在世纪之交，TCL 已成为国内电子领域的领先企业之一。

2001 年，随着中国"入世"，TCL 进入国际化快速发展阶段。中国"入世"使我们意识到，随着国门打开，只有敢为人先走出去开展国际化业务，才能获得更大的发展空间。2004 年，我们兼并了法国汤姆逊彩电及阿尔卡特手机业务，这是中国家电企业首次兼并世界 500 强公司的主流业务。这两起跨国并购使我们直接进入欧美市场，并获得相关技术专利。但两个大型跨国并购也给我们带来了巨大挑战，企业经历了业绩巨亏、财

TCL 参加 2018 年 IFA 展

务危机和销售下滑等严重困难。但我们顶住压力，没有退缩，团队齐心协力，攻坚克难，打赢了国际化这场硬仗。目前 TCL 已在海外建立了 5 个研发中心、8 个生产基地，在 80 多个国家和地区设立销售机构，形成了全球化产业布局。2018 年 TCL 产品销售收入 58% 来自海外市场，其中彩电全球出货量排名第二，在美国市场占有率居第二位，在欧洲和拉美也有很好的表现。TCL 成功转型为全球化企业。

同时，TCL 积极响应和践行国家"一带一路"倡议，大力开拓新兴市场。2016 年 6 月，统一品牌的首趟中欧班列抵达波兰华沙，车上的货物 80% 都是 TCL 波兰工厂的货料。习近平主席和波兰总统出席了中欧班列首达仪式，鼓励我们坚定推进国际化，为中欧经济合作做贡献。

推动变革转型，TCL 向高科技产业迈进。中国是全球电子产品包括彩电的生产和消费大国，但"缺芯少屏"一直制约着电子产业的发展。2009 年，在国家推动制造业转型升级，鼓励支持企业自主创新的发展方略促进下，TCL 决定建设自己的半导体显示产业"华星光电"。我们筹资250 亿元建第一个 8.5 代工厂，后来分期筹资 1800 亿元陆续建设了 6 个工厂。TCL 华星大力开发半导体显示产品和材料技术，引入国内外专业人才组成国际化经营管理团队，走出一条自主整合创新的发展模式。TCL 华星已成为全球显示产业中效率、效益和竞争力最强的企业，经营财务指标持续保持行业领先，申请国际发明专利名列前茅。

同期，我们大力推进"智能＋互联网""产品＋服务"的"双＋转型"战略，努力开发人工智能技术，发展基于智能和互联网技术的商用系统产品和应用业务，建立智能制造能力，提升互联网应用服务能力，推动产品技术创新和产业结构转型升级。

回顾过往，TCL 的发展和中国改革开放，经济快速发展同频共振。TCL 的成功，是因为我们敢为人先，抓住先机，努力开拓，奋勇拼搏；是因为我们始终坚持变革创新，推动企业转型升级，不断提升竞争力；是因

TCL 华星光电面板工厂

为我们率先探索国际化，成为中国"电子产业打开国际市场的开拓者"；是因为我们变革转型，与时俱进。作为创业者，支持我砥砺前行的是实业报国的使命和信念，是超越金钱和物质利益的理想与追求。

改革开放 40 多年，千帆竞发，潮起潮落，能够坚持 30 多年持续发展的企业不多，许多企业在发展的不同阶段就被淘汰了。我认为主要原因是：企业没有远大目标，小富即安；不能与时俱进，适应时代变化；缺乏风险意识，过度扩张；战略规划能力不足，错失新的发展机会；不能坚守主业，见异思迁。

中国经济持续发展，为更多创业者提供了更多的机会。每天都有新的企业成功，许多企业已成为全球行业领先者。中国企业的成长推动中国经济快速发展。2018 年，习近平总书记在民营企业座谈会上强调，毫不动摇鼓励、支持、引导非公有制经济发展的方针政策没有变！为民营经济健康发展注入强大信心和动力，让民营企业家备受鼓舞。这是一个创业和创富的时代，只要坚持努力，就有机会成功！

中国正在迈向世界经济强国，走向世界舞台中央，这为中国企业提供了很好的发展环境和良机。TCL 的 38 年发展，是依托国家强盛、经济实力快速提升的支持，也是我们不忘初心、坚守实业、坚韧不拔的奋斗结果。早年我们要仰视对手，模仿、跟随；今天我们业务已经遍布全球，有信心和底气与跨国公司同台竞技。

今年是新中国成立 70 周年，近代中国曾经动荡、贫穷、落后，饱受欺凌。新生的人民共和国已成为屹立世界的强大国家，赢得越来越多的尊重。中国企业和中国经济已成为推动世界经济发展的最重要动力。作为参与和见证国家发展的这一代人，我们倍感自豪！当前，我们正面临"百年未有之大变局"，世界政治关系动荡，全球经济格局重构，外部势力对中国发展的遏制和打压，给中国发展带来巨大挑战。国家的竞争，更多的是经济实力的竞争，竞争主体是企业。中国企业和企业家要责无旁贷，为国家由经济大国发展为经济强国承担起自己的使命和责任。

新中国已经走过了 70 年，中华民族比历史上任何时候都更接近实现国家强盛、民族复兴的目标。中国的发展，是任何力量都无法阻挡的。我们要义无反顾，全力以赴，推动企业实现高质量发展，以最好的业绩，致敬伟大的祖国！谢谢大家！

演讲视频二维码

雷 军

小米集团创始人、董事长兼CEO

梦想和使命

雷 军

　　主持人、企业家朋友、各位观众，大家好！我是小米集团的创始人雷军，非常荣幸作为民营企业代表，参加今天的活动。首先，我想分享一个好消息：小米历经 9 年艰苦创业，2018 年营收达到 1749 亿人民币，首次进入《财富》杂志世界 500 强，并成为历史上最年轻的 500 强企业。我们以此奋斗成果，为新中国成立 70 周年献礼。

　　"人因梦想而伟大"，实现中华民族伟大复兴的中国梦，不仅是国家的、民族的，也是每一个中国人的。企业家更应该做好表率，不忘初心、牢记使命，自觉将民族使命与企业发展融为一体。我的梦想始于 32 年前的大学时代。当时，我在武汉大学求学，在图书馆里读了一本书，叫《硅谷之火》，讲的是乔布斯等企业家创业的故事。读完这本书，我久久不能平静，在操场上跑了一圈又一圈，心中仿佛燃起了一团火，从此有了一个梦想：做一个伟大的企业，造福全球每一个人。

"米粉"在小米专卖店门口排队等候小米新品手机发售

梦想要用行动来实现。改革开放以来，国家明确提出"科技是第一生产力"，为科技人才打开了广阔的发展空间，我也是投身科技创新洪流的一员。自1991年参加工作以来，我参与创办了金山软件，参与创办了卓越网，也做过天使投资人。但是在梦想的感召下，我始终保持认真努力的工作状态，坚持科技报国，坚持产业报国。

2010年，我40周岁的那一年，在思考人生还能否做点有价值的事，对社会有更大的帮助。我通过自己的体会发现了一个现象：我们中国制造业非常厉害，但是为什么我们在中国买到的很多产品不够好，而且价格比欧美还贵很多。我就专项研究了这个问题，得出的结论是中国制造业并不是做不出好东西，关键是我们怎么改善品质、提高效率，核心是要从单纯的价格竞争变成如何提质增效。我决定尝试用互联网模式来做实体经济。同时，受益于国家改革开放政策，国家建立起完整的工业体系和强大的制造基础，国家进入了大力推进自主创新、两化融合的发展新阶段。

　　我们选择的第一个行业是智能手机，当时的智能手机有苹果、三星、"中华酷联"，全是巨无霸的大企业。我们作为一个中关村的小公司，进入了一个产业极度竞争的战场。但是奇迹发生了：小米手机只用了两年半，就冲到了中国第一、世界第三的位置。这个奇迹是怎么发生的呢？我觉得主要有两点：初心和创新。小米的初心是做高品质、高颜值、高性价比的产品，让普通消费者都买得起、用得好。从而倒逼产业变革，提升效率、转型升级。

　　然后我们在创新上下了三个硬功夫：第一，将互联网的极致用户体验和效率应用在制造业，把互联网产品的快速迭代研发模式引入了硬件产品的研发。第二，打造"硬件＋新零售＋互联网"的高效率商业模型，保证用户买到高性价比产品。第三，真心与用户交朋友，我带领工程师在互联网的社区里面倾听用户声音，前后收集了超过 2 亿条意见，持续改善产品功能和用户体验，小米因此成为全球罕见、拥有海量粉丝支持的公司。

▌小米移动互联网产业园

然而，我们保持了两年中国第一的位置，接着在 2016 年就遇到了巨大的挑战，跌出了世界前五。手机行业从来没有任何一家大公司在销量下滑之后，还能够活得过来。结果呢？小米又创造了一个小奇迹，2017 年手机业务重回世界第四，2018 年手机出货量突破了 1 亿台。在进入的 80 多个国家和地区里，手机业务在 40 多个国家和市场中排名前五。这中间发生了什么呢？第一，从 2016 年开始，小米强调补课，强调夯实基础，认真向传统产业对标学习。第二，加大研发，大幅度增加研发费用。第三就是推进精细化管理，培养和提拔了一大批年轻干部。

习近平总书记不只一次强调"人才是第一资源，创新是第一动力"。做好产品的核心是创新和研发。初期，我们整个创业团队全部是研发工程师背景，平均拥有 10 年以上的行业经验。过去三年，小米在研发费用上累计投入 111 亿元人民币，仅去年就投入了 58 亿。58 亿的研发投入对于一个成立仅仅 9 年的公司，已经是个非常大的数字。我们在今年还成立了集团技术委员会，进一步强化技术立业，打造一流的技术团队和文化。

举个例子，我们死磕手机相机的研发，很快会首发 6400 万像素的相机，未来不久我们还会首发全球首款 1 亿像素的手机相机。我们既验证了"互联网＋制造业"的先进性，也推动了中国智能手机的应用普及和品质提升。要实现"让全球每个人都能享受科技带来的美好生活"的企业愿景，我们还需要继续坚持科技创新，坚持信息技术与制造业深度融合，带动更多产业高质量发展。

为此，6 年前小米启动了"生态链"计划，用我们的经验和能力，为更多的传统行业插上互联网的科技翅膀。一方面，这些生态链企业可以获得小米的技术、供应链、品牌和营销的赋能；另一方面，小米"参股而不控股，合作而不排他，帮忙而不添乱"。这使初创企业拥有了充分的自主

小米新零售线下实体店"小米之家"

性、积极性和战斗力，完美融合了大平台和创业团队的优势，实实在在助力科技企业创新创业。目前，小米生态系统中，专注智能硬件和生活消费品的公司超过 100 家，其中有 2 家 2018 年在美国上市，另外我们还有 3 家产业基金投资的企业最近也已经成功地在科创板上市。小米手环、空气净化器、米家电饭煲、扫地机器人等产品在市场牢牢占据领先位置，在用户心中拥有了"小米出品，必属精品"的极高信任度。

在小米看来，高质量发展就是实现"高端产品大众化，大众产品品质化"，而质量和设计是必由之路。我在内部反复讲"创新决定我们能飞得多高，而品质决定我们能走多远"，小米专项成立了集团质量委员会，建立起全品类的品质管控系统。我们还培养了一支优秀的工业设计团队，拿遍了世界四大工业设计奖的金奖。今天，"一带一路"为中国企业的海外发展，带来了新机遇、新空间，一批中国品牌在全球崛起。2018 年，小米海外市场营收占比已经超过 40％，建立起全球最大的消费级物联网平台。在印度等国家，小米的商业模式得以成功复制。在西班牙和法国等地，小米之家开业都引来消费者排队购买。这充分说明，中国产品、中国品质、中国品牌在国际市场上大有可为。

新时代，新征程。小米以无畏的勇气和持续的创新，开始了第二轮的创业；以 5G+AI+IoT 为核心战略，坚定科研投入，布局先进装备、智能制造、工业机器人、无人工厂，继续助力中国制造业转型升级，迈向智能制造时代。回顾过去，民营企业的发展，归根结底是源于国家毫不动摇地鼓励、支持和引导民营经济发展。作为民营企业家，我们应该自觉承担更大的历史使命，不负时代、国家和民族的期望，让中国设计、中国品质和中国创新成为世界的典范，矢志不渝地建设广受全球尊重的中国品牌，全力以赴打造具有世界竞争力的一流企业。谢谢大家！

演讲视频二维码

互动问答

主持人：第一个问题提给国投的王会生董事长。网友"农家大柚子"
提问，请问王会生董事长，刚才听您提到了国家级扶贫基金，
不知扶贫基金投向哪些地方，扶贫基金作用发挥出来了吗？

王会生：

　　谢谢这位网友，这个问题提得非常好。习近平总书记讲到，
打赢脱贫攻坚战是我们全面建成小康社会的底线任务，也是主
要的标志性指标。脱贫攻坚是全党的任务，作为国有企业、作为
央企来说，这既是我们的政治责任又是社会责任，是义不容辞的
责任。我在公司也曾经多次讲，央企的称号本身就是最大的社会
责任。

　　我们从十八大以后，出资 20 多亿元，先后发起设立了两支
国家级基金，并且管理这两支国家级基金。这两支国家级基金分
别是国家贫困地区产业基金和央企扶贫基金，央企扶贫基金是由
央企共同出资的，体现了央企共同的责任。实现脱贫攻坚，产业
扶贫是关键、是根本，没有产业扶贫，扶贫是不可持续的。我们

利用这两支基金投资到贫困地区，分布在 26 个省、自治区、直辖市，包括 14 个特困地区、国家级贫困县以及革命老区，带动各类社会资本超过 1500 亿，对助力脱贫攻坚起到了非常大的作用。央企扶贫基金正在募集三期，这既是为了彻底打赢脱贫攻坚战而努力，也是为未来衔接"美丽乡村"战略继续做贡献。

主持人：第二个问题是提给航天科工刘总的，网友"春夏秋冬"提问，请具体介绍一下航天科工为我国国防建设作出了哪些突出贡献，让国人骄傲的阅兵，咱们航天科工都有哪些参与呢？

刘石泉：

航天科工 1999 年成立到现在 20 年，这 20 年来我们始终坚持"科技强军、航天报国"的神圣使命，坚持"国家利益高于一切"的核心价值观，我们始终牢记"落后就要挨打"的历史教训，坚持自主创新，不断攻坚克难，研制了多型武器装备，为各兵种提供了多型的、精良的武器装备，能够为确保我军"能打仗、打胜仗"的强军目标作出了我们应有的贡献，提供了强大的物质力量和重要的战略支撑。我觉得这些武器装备广大网友朋友都很关心，都是我们航天人靠自己的智慧和才智研究出来的，应该说为国家安全，为我们确保国家的主权和和平发展起到了重要的作用。

特别是在当今世界霸凌主义欺负人的时候，没有科技实力、国防实力就要受到欺负，特别是像现在经济上对我们制裁，经济上、社会上阻止我们的发展，在这种情况下，我们更觉得我们要搞好武器装备，网友们可能都很关心有哪些装备，我想你们在阅兵的时候都能看到我们航天科工的精良的武器装备。

第二点，我们中国组织的一系列的重大航天工程活动，这些工程的成功证明了一点，那就是我们中国人有自己的智慧，有自己的技术，有自己的方案，能够创造别人没有做到的事情。我想这为增强我们国家科技自信、激励中华民族所有的中国人能够加强自主创新、推动我们国家转型升级、高质量发展，我觉得这是一个重要的示范。

第三点，60多年的航天发展建设当中，创造了三大航天精神。自力更生、艰苦奋斗、大力协同、无私奉献、严谨务实、勇于攀登这是航天人的传统精神，后来还有"两弹一星"精神，还有特别能吃苦、特别能战斗、特别能攻关、特别能奉献的载人航天精神，这些精神都是中国精神的重要组成部分，和我们中华民族的传统文化、创新精神都是紧密相连的。我想这些精神将会继续激励我们奋力前行、不断创新，创造更多更美好的新生活，都会有重要的价值和意义。

主持人：东风快递，使命必达。这句话又要刷屏了。现在是第三个问题。网名叫"尼古拉斯·技术男"的网友想请问陈德荣董事长，现在科技飞速发展，很多新材料在不断演进，那么未来在工业上，钢铁会被其他材料所替代吗？

陈德荣：

　　我认为这是不可能的事。因为人类使用钢铁已经有2000多年了，而且随着人类技术文明的发展，钢铁材料应用的领域和使用量是在不断增长的。前面我演讲当中也讲到，19世纪的时候，人类只用了几百万吨钢铁，20世纪人类就实现了每年年产几亿吨，现在21世纪初期我们已经到了十数亿吨，按照我们的预计，21世纪可能人类每年会用到几十亿吨的规模。因为随着钢铁技术的发展，整个钢铁制造成本越来越低，所以过去用不起钢铁的领域，现在都大量开始使用钢铁。比如说过去城市的高架桥，大多是用钢筋混凝土，现在慢慢都使用纯钢铁的钢结构。过去建筑层数并不是很高，混凝土居多数，但是现在上百层甚至几百层的高楼，必须要用钢铁这个材料，这是第一个方面。

　　第二，钢铁材料本身的性能也在发生巨大变化。比如说今天的高强钢，已经是普通钢铁强度的七八倍，同时现在不锈钢以及更耐蚀、更漂亮的钢材新品种的出现，使得它的使用领域就扩大了。同时，钢铁除了作为结构性材料，现在也慢慢地向功能性材料转变，比如宝武正在研究怎么使得在建筑用钢当中，把它和光伏结合起来，因为现代建筑用能占到整个能耗的一半，所以未来变成会发电、零能耗的建筑，那人类从节能角度就会更加进一步。当然，任何一个材料都有它的局限，比如说钢铁再好也不可能去做计算机的芯片，还有很多地方，比如现代航天方面就要求更轻，从比重上说，钢铁这种材料是无法克服的。所以新材料的出现是人类文明进步的必然，我们认为新材料和钢铁材料各有所用，发挥各自的特长，同时进行综合运用。所以宝武也在大力开发生产新材料，我们把自己定位为一家综合的材料解决方案的供应商，努力为人类文明的发展提供各种材料支撑。

主持人：下面的问题想要提给李东生董事长，您演讲中提到了 TCL 的国际化之路。网友"低调你哥我"提问，请问李东生董事长。近年来我国有不少企业进行跨国并购，您能否举几个例子给我们分析一下，中国企业选择国际化意味着什么？

李东生：

中国经济全球化、推动中国企业国际化，这是过去十多年中国经济发展和配合全球经济发展的必然趋势。所以在过去的十多年我们看到，中国企业海外收购、参股的案例越来越多，2004年我们做的两个大的跨国并购，并购汤姆逊彩电业务，并购阿尔卡特的手机业务，那时我们是国际化的先行者，因为前面没有成功的中国企业并购先例，所以在初期，我们也遇到很大的困难，但我们坚持下来了。当年的跨国并购奠定了今天 TCL 成为全球化企业的基础。

再后来，我们看到中国企业走出去，中国企业国际化支撑了中国经济的全球化，对外的这种兼并收购案例越来越多，使得中国经济和全球经济更好融合。现在以中国为核心的工业能力已经成为全球最重要的一个产业生态，这个产业生态生产了全球可能超过 60% 的终端产品，这样的经济体量规模，无论是产品的销售还是大量材料、部件的进口成为整个中国经济的发展乃至全球经济发展的一个重要引擎。所以现在大家看到，中国经济增长率的高低对全球经济增长率影响是很大的，虽然近期我们遭遇到贸易保护主义，遭遇到单边主义的影响，但是从长远趋势来看，中国经济在全球经济的分量会越来越大。当中最重要的推动力就是中国经济全球化、中国企业国际化。

主持人：很多网友在问我们的企业国际化之路是否成功到底有什么样的标准，其实我也在找 TCL 的案例，比如我们在产品的份额或者占比当中，国外市场占多少，有什么数据能够证明我们的国际化是否成功呢？

李东生：

就拿我们海外市场来说，我们市场分布是北美市场、欧盟市场和拉美市场，这三个市场是我们国际化业务比例最高的。现在我们主要的产品业务是彩电，在包括美国，欧洲的法国、德国，还有东南亚的一些国家，另外南美的巴西、阿根廷，我们的市场份额在当地都进入前三名。2018 年我们彩电产品的销量是 2860 万台，在全球排在第二位。其他的区域市场在快速成长，今年上半年我们彩电的销量在去年的基础上又增长了 26%。

照这个趋势下去的话，我们是有信心和决心去挑战全球彩电老大的地位。

主持人：谢谢。接下来这个问题我要问雷军董事长了，网友很关心小米的产品，您刚才在演讲中提到小米的一系列物联网相关产品。网友"哪吒打怪兽"想问问雷总，小米推出物联网相关的产品很多，但其实这方面竞争对手并不少。小米何以做到持续领先呢？

雷军：

小米很早就开始重视物联网，现在小米的 IoT 平台上已经接入 1.97 亿台智能设备，在消费类物联网领域上目前是全球领先的，最近大家对物联网的重视度越来越高，2018 年年底小米为了应对这个挑战也推出了"手机 +AIoT"的双引擎战略，加大对智能设备的重视，并将在未来 5 年投入至少 100 亿元。我们认为，AIoT 战略最重要的是技术研发和科技创新。也就是怎么能用更多的创新，把这些设备联在一起智能互联，让它们更好用，让消费者喜欢才是最后胜出最重要的原因。

主持人：网友"小爱爱学习"请问王会生董事长，您在演讲中提到国投为美好生活补短板，主要向哪些领域发力？

王会生：

党的十九大以后，中央提出社会主要矛盾发生了变化，变成了人民日益增长的美好生活需要和不平衡不充分的发展之间的矛盾。所以国投党组在结合学习党的十九大精神的时候，提出了国投未来发展方向是"为美好生活补短板、为新兴产业作导向"。每个阶段大家对美好生活的向往不一样。比如，改革开放之初，大家吃饱穿暖就不错了；现在大家对于环境、产品质量、健康、医疗可能需求就更大了。作为投资控股公司，它最重要就是发挥导向作用，引导投资、引导方向、引导产业。国投原来是一个很传统的投资公司，我们利用十年的时间在转型，十年中基本上把传统的部分压降到45%左右，新产业主要是向着健康养老、医疗、质量、环境等直接关系到老百姓美好生活的方向发展。比如，我们搭建国投的健康养老平台，现在在北京、广州、上海、江苏、厦门等地都开办了养老院。昨天，国务院常务会议又在研究养老问题，而且专门提到了失能、半失能老人的养老问题。我们在北京的项目就是主要针对失能、半失能的老人。我们在上海、江苏的项目主要是设置老百姓家门口的养老院，让大家支付得起的养老院。国投积极探索国有企业搞养老的一些模式，通过这几年的探索和运转，对现在城市当中的养老服务起到了很好的示范和引导作用。

再举个例子。国投的水环境公司目前主要从事的是下沉式污水处理。我们的下沉式污水处理技术全球领先，在十几个省市都有国家级示范项目。我们建设的水处理厂上面是花园、小桥流水、儿童活动场所，地下是污水处理厂房，完全用生物工程进行污水处理和除臭。国投的转型就是为美好生活补短板，就是向着为老百姓最关心的医药、质量、健康养老、环境治理去转型，我们是实实在在地往这方面走。

主持人： 有网友问航天，我们问一下航天科工的刘总。网友"糖心嘤"提问，您刚才讲话里面提到了商业航天，能不能请您再详细介绍发展商业航天的措施和计划，与我们百姓生活有什么关系？

刘石泉：

我先给大家解释一下什么是商业航天。从科学技术也好、市场化也好的发展规律来看，任何一项先进技术都必须有一个商业化的过程。比如说航运技术、轨道交通技术、公路交通技术、航空技术等，都有一个商业化、市场化的过程，才能真正更好地为人类社会生活释放出巨大的潜力。比如说计算机技术、互联网技术，都有一个市场化、商业化的过程，一个先进的技术必须得走完这样一个过程才能服务于社会、服务于所有人的社会生活，它是这样一个过程。

商业航天正处在具备商业化发展的阶段。我们所说的商业航天，是用市场化的方法来整合社会资源，包括社会资本，能够共同地开发成本可控、快速便捷的航天技术和航天产品，更好地来服务于经济社会和老百姓日常生活的需要。航天科工规划了"五云一车"系列商业航天工程，其中"虹云工程"是要构建低轨移动宽带互联网星座，如果一旦建成一个低轨的宽带移动的天基互联网，我相信所有的人，地球上在任何时间、任何地点都能快速的、便捷的享受5G技术带来的便利，包括实现人与人、人与物、物与物之间的无缝无间断服务，这个意义是巨大的。随着航天技术的发展，太空旅游一定会成为热点，只要是全社会参与，航天技术能够变成一种大众化的需求，我想那一定会像坐飞机一样便利快捷。

主持人：大概是什么时候？而且贵不贵？

刘石泉：

这就看我们怎么推动它了，我想不久的将来一定会有的。在未来的经济社会发展当中，一定会把航天技术作为一种战略的新兴产业来推动它，一定能够更好地为人类社会、为我们的美好生活作出更大的贡献，具有很好的市场前景。谢谢。

主持人：下面一个问题问李东生董事长，大家对 TCL 非常关心。网友"专吃大肘子"请问李东生董事长，现在企业竞争提的最多的就是核心技术，那在半导体显示领域，TCL 积累了多少自己的核心技术？在国际上，TCL 的竞争优势在哪里？

李东生：

中国经济发展、企业竞争在现在这个阶段伴随中国企业的转型升级，最重要的推动力就是来自技术创新。我们看到这次中美贸易战已经从贸易战扩展到技术战，中国企业在过去的竞争优势是我们的工业制造能力，未来的话我们一定要在技术创新能力上力求突破，我们才会在全球的产业链中占据更高的地位。落实到 TCL 本身，在过去 10 年，我们一直持续地在研发上做很大的投入，今年上半年 TCL 的研发投入是 32 亿元，对比我们上半年的销售收入 670 亿元来说，这个投资的比例是非常高的。TCL 现在拥有的 PCT 专利数量已经超过 11000 件，这个专利数量在国内我们是排在第四位。

另外，从更广的角度来看，在过去的几年，中国企业发明国际专利申请量在快速上升，去年中国企业发明专利申请量已经在全球排名第二了，这个上升是非常快的。未来这个行业上升技术的竞争是主要驱动力。TCL 在半导体显示产业目标是力争在下一代显示技术上能够和国际领先企业并跑，在一些局部领域我们争取领先，要实现这个目标，我们有信心在未来的三到五年能够在半导体显示技术和材料领域和全球的领先企业并跑。我也有信心，半导体显示是核心基础技术产业，TCL 和其他中国企业能够在全球行业中具有更大的话语权，有更强的竞争力。

主持人： 谢谢。接下来这个问题是问中国宝武的陈德荣董事长的，您提到材料的时候说我们的钢铁不会被替代，是和新材料综合运用的。网友"欧得拉"想请教陈德荣董事长，咱们国家的制造业已经非常成熟了，那么放眼全球，未来钢铁行业将会呈现什么样的格局？

陈德荣：

谢谢这位网友的提问，在全球钢铁发展史上除了中国，还没有一个单一国家的钢产量超过两亿吨，今天欧洲、美国、日本这三大经济体加起来的钢铁产量也没有超过 5 亿吨，今年中国 10 亿吨这样的巨大数字，应该说有这么几个趋势，我认为是要把握的：第一，中国作为全球钢铁业老大的地位长期不会受到挑战，虽然中国的钢铁产业很大，但是它并不强。主要有这么几个方面：一是我们整体的布局比较散，企业的单体规模小，所以整个中国钢铁业因过度竞争还处在一个比较低的水平。未来中国钢铁工业发展的趋势就是向大而强、大而优发展。因此，接下来怎么根据国家战略、产业政策提高整个行业的产业集中度？比如像宝武现在 7000 多万吨产能只能在世界排第二位，我认为不久的将来在全球一定会出现一批名列前茅的中国钢铁企业，并且它们的效益、技术、产品性能等各方面都会名列前茅。

第二是整个钢铁产业的布局会调整，过去传统中国钢铁都是和城市、原料布局关联，受制于物流成本等方面。近年来，随着中国城市化、现代化的发展，未来中国钢铁在空间布局上会进行一些调整，在沿海、沿江物流条件比较好的地方，将更好地走向国际市场。整个钢铁发展的方向我们认为应该是更加绿色、更加智能，性能也更加优异，更加精品化。

第三，回顾全球钢铁业发展史，从工业革命的地中海沿岸走向大西洋沿岸，20 世纪走向太平洋沿岸。顺着习近平总书记提出的"一带一路"，大家就可以发现，在印度洋沿岸"一带一路"沿线有着 23 亿远比中国今天的人口更加庞大的这么一个待发展的区域，如果按照今天中国人均钢产量 700 公斤来算，"一带一路"未来要发展起来，它的钢铁市场将会是多么巨大的一个空间。因为"一带一路"沿线国家原有的工业基础比较薄弱，将为中国钢铁工业的国际化提供巨大的机遇。同时，我们觉得"一带一路"走出去首先是基础设施、基本建设走出去，而先行走出去的这些行业又是一个对钢铁高需求的产业。所以中国的钢铁工业一定要按照国家提出来的"一带一路"倡议大胆地走出去，实现国际化。我想这可能就是未来中国钢铁工业发展的一个趋势。

主持人：最后一个问题留给雷军董事长，小米的一举一动都很受网友关注。第一部 5G 手机是不是已经发布了？

雷军：

是，我们的第一款 5G 手机是今年 5 月在欧洲首发，第二款即将在国内首发。

主持人：网友"大黄"提问，请问雷总，现在 5G 技术特别火，到处都在讨论，您如何看待即将到来的 5G 市场，企业应该如何应对这个变化？

雷军：

　　5G 对智能手机企业来说是一次重大的机遇，所以在 3 年前我们就开始准备各种 5G 技术的预研，我觉得现在 5G 才刚刚开始拉开序幕，明年第二季度开始 5G 网络的铺设和 5G 终端普及就将大规模的到来了。未来一年里 5G 将给通信、移动互联网、物联网领域带来翻天覆地的变化。

主持人：那企业要如何应对？

雷军：

　　对我们来说要积极拥抱这个变化，加大技术投入，尤其重要的是把 5G 手机的技术成熟度，以及成本控制做好。

主持人：好的，让我们再次用热烈的掌声感谢五位。一代人有一代人的奋斗，一个时代有一个时代的担当。当时代到来，江河汇聚成川，无名山丘崛起为峰。历经 70 载，天地无比开阔。在这里，我们感谢五位企业家为我国经济发展做出的贡献和努力，也向那些怀揣梦想、铭记初心、奋斗在各个岗位上的人们致敬！

庆祝中华人民共和国成立 70 周年

系 列 论 坛

第三场

70

2019 年 8 月 28 日

the Third Part

王传喜 / 马善祥 / 张黎明 / 其美多吉 / 刘海莹

王传喜

『时代楷模』，山东省临沂市兰陵县

卞庄街道代村党委书记、村委会主任

当好乡村振兴的"领头雁"

王传喜

　　各位网友好，大家好，我是山东省临沂市兰陵县卞庄街道代村党委书记、村委会主任王传喜。今天有幸参加庆祝新中国成立70周年系列论坛，与各位观众和广大网友交流这些年的体会和感悟，心情十分激动。

　　我们代村地处沂蒙山区西南，是东晋初年建立的千年古村。新中国成立后，代村一直是先进村。20世纪六七十年代，在解决温饱的基础上，村里每年上缴爱国粮100多万斤，是"农业学大寨"红旗单位。然而，进入20世纪九十年代，却因未能跟上时代发展而陷入停滞，1998年，全村负债380多万元。1999年3月，当时我在县第二建筑公司任项目部经理。村里换届选举，全体党员和村民一致推选我为党支部书记、村委会主任。我觉得，作为一名共产党员，为父老乡亲服务就是我应尽的职责。既然大伙儿相信我，我就要靠着党的好政策，为父老乡亲服好务，带大家过上和城里人一样的好日子！

　　然而，刚一上任，因为村里债务纠纷，我就接到法院传票。后面一两年中，又作为被告出庭100多次。不仅如此，由于交不起水电费，全村连续被停水六个多月、三伏天停电一个多月。村中治安状况也很差，经常有群众家里进贼、酗酒闹事、邻里不和、村风民风日下……代村再也不能这样乱下去了。上任不久，我就带领村干部挨家挨户走访村民，听取群众意见建议，最终梳理出债务缠身、人地不均、环境脏乱等80多类问题。

　　要想破局，先啃最硬的骨头。针对债务缠身问题，我们制定了分期分批还款计划，加上诚恳的态度，再注意一些工作方法，一年下来，账虽然没有还清，但矛盾总算是缓解了。此后几年时间里，我们分期分批，分轻重缓急地把账还清了。

　　村民反映集中的问题是人地不均。有的村民小组人均土地两三亩，有的村民小组人均土地却只有两三分，相差近十倍。2000年年初，我们村支两委开始"动刀"，通过反复研究制定了土地调整方案。方案公布后村

兰陵国家农业公园万亩油菜花

民们都在观望，一直没有人带头认领新地块。这期间，还有少数人变着法子阻挠调地。面对困难，我们没有退却，一边走法律程序，形成文件报到镇里县里；一边走民主程序，耐心细致地做群众的思想工作。在那几个月里，村干部和村民小组成员吃住在地里，最终顺利完成了土地调整。

随后，我们村又陆续开展了治安整治、环境整治、村风整治等多个专项治理，代村的面貌一天天在变好，终于稳住了。

为了改善村民居住环境，我们从 2006 年开始实施旧村改造。我们的旧村改造之路历经十年时间，一直是小步快跑，一步一步地来，一片一片地改，总共改建了 20 多片，群众都住上了宽敞明亮的楼房，水电气、有线电视、宽带一应俱全，学校、广场、医院这些公共服务设施非常完善。与此同时，我们还留出 300 多亩建设用地，应对未来 50 年新增人口的居住需求。

我们还想尽一切办法，尽快让村民富起来、乐起来，村里强起来、美起来。在广泛征求党员群众意见建议的基础上，我们科学制定了代村的发展规划。规划不能挂在墙上，而要干到实处。2005 年，我们村抓住农业产业化发展的有利时机统一流转了全村 2600 亩土地，2007 年又流转了毗邻 5 个村的土地 7000 余亩，高标准规划建设了现代农业示范园。2012 年，我们又创办了全国第一家国家农业公园，先后连续举办了七届中国兰陵（苍山）国际蔬菜产业博览会，接待国内外游客数百万人次。

2010 年，我们投资建设开发了代村商城，现在已经进驻经营户 3000 多家，年交易额达到 60 多亿元，集体经济收入 4000 多万元。

2018 年，代村各业总产值 28 亿元、集体纯收入 1.2 亿元、村民人均纯收入 6.8 万元。村集体经济的增收，最终要体现在村庄发展和群众生活改善上，让群众有更多的获得感。村里优质资源、经济项目由村集体统一

代村高科技种植绿色蔬菜

运营，按照市场规律企业化运作，然后通过分红、补助等形式惠及每一名村民。目前，代村实行了 16 项社会保障政策，即每年向居民发放米面油等生活用品、发放住房补贴、安排 60 岁以上老年人免费入住老年公寓、实行村民子女助学奖学等，逐步解决了群众就业、教育、就医、养老、住房等问题。如今在代村，村民幼有早育、学有优教、劳有多得、病有良医、老有颐养、住有宜居、弱有帮扶，全村人走上了"离土不离乡、就地城镇化"的道路。

习近平总书记说："幸福是奋斗出来的。"这句话，代村的干部群众感受最深、也最有体会。我们是乡村振兴战略的亲身实践者，在党的好政策指引下，正亲手创造美丽乡村，创造幸福生活。2018 年 3 月，习近平总书记在参加十三届全国人大一次会议山东代表团审议时，对我进行表扬，中宣部还授予我"时代楷模"光荣称号。莫大的荣誉是组织的肯定，也是对我最大的鼓励。同时我也明白，自己肩上的责任更重了。2018 年 8 月

代村无土栽培有机蔬菜

25 日，我和刘嘉坤、梁兆利等三位优秀支部书记一起，向临沂市农村基层党组织书记发起了《发扬沂蒙精神　做脱贫攻坚乡村振兴带头人的倡议书》。我们这些新中国成立后各个时期的临沂农村典型，最深刻的体会就是，"没有共产党就没有新中国"。共产党领导中国人民"站起来""富起来""强起来"，我们老百姓的日子一天天好起来。作为一名农村党组织书记一定要带头永远听党的话、跟党走！永远带领党员群众、服务党员群众，做信念坚定的带头人。

谢谢大家！

演讲视频二维码

马善祥

"改革先锋","时代楷模",重庆市江北区观音桥街道"老马工作室"负责人

打通为民解难题的"最后一公里"

马善祥

　　大家好，各位网友、朋友们好。我叫马善祥，是重庆市江北区观音桥街道"老马工作室"的调解员。我当过兵，上过战场，1988 年转业后就在基层做群众工作，调解矛盾，一干就是 31 年。31 年来，我调解过 2000多件矛盾。在伟大祖国 70 年的辉煌成就中，个人只是沧海一粟，我只做了一点"民生小事"，但是在我们基层有千千万万的干部在这样做，每一件民生小事中都回应了人民群众的殷切期盼，展示了伟大祖国的发展繁荣，体现了共产党人的为民情怀。民生重在基层，基层一线是实现中华民族伟大复兴需要打通的"最后一公里"。

　　打通"最后一公里"，需要不断地攻坚克难，为人民群众排忧解难。我是改革开放参与者，我所在的观音桥街道过去只是城乡接合部，今天观音桥商圈已经是西部首条中国著名商业步行街，年销售额 2000 亿元，每天人流量 50 多万人次，川流不息的人们欣赏的是高楼大厦和都市现代化

现场调解农村征地矛盾结束后的喜悦

的气氛。但是，我的心里要讲的是，它的背后，我们广大干部群众战胜困难去推动发展那段艰苦奋斗的历史。像农村征地、城市拆迁、企业改制、环保搬迁这些比较尖锐的矛盾，一直和发展形影相随，即便我去解决矛盾也是困难缠身，有时候当事人为了自己的利益，会想方设法、千方百计给你施加很大的压力，但是，我理解他们，矛盾当事人也不容易，他也有困难，他也作出过很多牺牲，他们也是改革开放的参与者、建设者和贡献者。

我解决一个矛盾耗费时间最长的是一年零两个月，调解了 34 次，那是我们修公路和 22 个门面的纠纷，原来公路和门面是平行的，后来公路在这一段要提升 5 米，门面在下面，利益重大、涉及群体，矛盾尖锐。处理这个问题，我们团队运用了很好的科学方法，把法律与感情、原则与灵活、利益与道德、政策与策略互相结合起来，通过坚持不懈的努力，最终推动了问题的彻底解决。像这些实践经验积累久了，我就成了解决问题的信心传递者。在我的心中，有党的领导，就没有解决不了的矛盾。这种方法解决不了那种方法在，个人解决不了组织在，下级解决不了上级在，地方解决不了有党中央在。

打通"最后一公里"，就要不断为人民群众创造幸福生活。改革开放的成果，让中华民族迎来了从站起来到富起来、强起来的伟大飞跃，人民生活幸福了，但是要求也更高了。党的十九大报告指出，我国社会的主要矛盾已经转化为人民日益增长的美好生活需要和不平衡不充分的发展之间的矛盾，这在我们基层感触最深。有的群众来需要雪中送炭，有的群众来需要解疑释惑，有的群众来希望锦上添花。我们都尽力而为。但是，我们的心始终把重点放在困难群众上，也把党的温暖更多的送到困难群众的心坎上。只有困难群众生活过得去、心情过得去，我们当干部的良心上才过得去。

我有一个服务对象，他是刑满释放人员，放回来后第一次工作与单位发生矛盾，我去给他解决好。后来我又给他介绍了一个工作，没干几天就不安心了，因为是保洁公司，我就给他做思想工作，鼓励他靠劳动改变人生，只要奋斗，在哪里都有前途。他从此安下心来，去清理垃圾、冲洗公路，后来开洒水车、管理清洁工人，现在他已经成为保洁公司分公司的经理助理。他的成长进步给他个人和家庭都带来了幸福，他母亲过去说起儿子总是提心吊胆，生怕惹出什么事，现在说起孩子总是满心喜悦。我们给群众解决就业问题、生活问题、物质问题，我们也给群众解决思想问题、心理问题、情绪问题、精神问题，每一个问题的解决，都为群众恢复了正常生活和幸福生活。

我感受到基层干部的责任绝不是单一的,我们既要服务群众,也要引导群众。既要解决群众的实际问题,也要解决群众的思想问题。既要从物质上增强群众的获得感,也要从精神上增强群众的获得感。

打通"最后一公里",就要不断锤炼党员干部为民服务的过硬本领。习近平总书记指出:"打造共建共治共享的社会治理格局。"我们在贯彻落实中,一手抓好居民自治,一手抓好基层干部的治理能力提升。我们观音桥街道组建"老马理论宣讲队",干部到社区去、基层去,宣传习近平新时代中国特色社会主义思想,宣传社会主义核心价值观,不断把人民群众参与社会治理的积极性调动起来。宣传工作好,依靠群众就更好。从1988年以来,我每天写笔记,坚持了31年,写了190多本,在这些积累

▍ 在建西社区听取群众意见和建议

中，组织通过总结、归纳提炼出了"老马工作法""老马调解矛盾方法 66 种""老马群众工作经"，为基层干部群众参与社区治理提供了一些经验和方法。2012 年，我们成立"老马工作室"，这是一个实践和研究群众工作的团队，也是一个新时代思想政治工作的团队。后来，我们重庆市在街道、乡镇、社区又建立了"小马工作室"，现在我们重庆市有 1085 个"小马工作室"，培养了 1.2 万多名"小马"，他们就是我们社区治理当中为民服务的坚实力量。组织也要求我发挥好"老马带小马"的作用，所以我也更加努力。从 2014 年开始至今，我每年写 100 篇文章，宣传党的思想，总结传播方法，激励"小马"学习，指导工作实践。而且我要探索基层干部究竟要怎样努力才能够做到政治过硬、本领高强。

基层"最后一公里"，它之所以被称为困难的阶段，是因为我们各项工作都要落实到基层，要在基层抓落实、见实效、出成果，这样群众才高兴、答应、满意。在新时代，人民提出了新需求，社会提出了新课题。我虽然已经 63 岁，但是感到新的事业才刚刚开始，我还要继续扎根在基层群众工作第一线，做到"老马识途"，谦虚谨慎，还要"快马加鞭"，与时俱进，为人民的安居乐业、为社会的安定有序献出自己毕生的力量。

谢谢大家。

演讲视频二维码

张黎明

"改革先锋","时代楷模",国网天津市电力公司滨海供电分公司运维检修部配电抢修班班长

心系祖国人民　点亮万家灯火

张黎明

　　大家好，我叫张黎明，是国家电网公司的一名普通员工。今天非常光荣地能够参加庆祝中华人民共和国成立 70 周年系列论坛活动，与大家一起分享交流，共同迎接新中国 70 周年华诞。

　　1969 年，我出生在内蒙古的海勃湾，父亲是中建六局的一名技术工人，他参加过湖北二汽、丹江口水库引滦入津等国家重点工程的建设，可以说老一辈人建设祖国的豪情，在我的人生中留下了深刻的印记。1986年 8 月 21 日，改革开放的总设计师邓小平同志来到我们天津，为天津开发区欣然题词：开发区大有希望。也正是那一年，我进入了电力企业参加工作，一干就是 33 年。今年是新中国成立 70 周年，我也算是伴随着新中国成长起来的一代，祖国大地上发生的翻天覆地的变化，我也可以说是感同身受。

　　33 年前，我刚刚参加工作的时候，我们的电网相对薄弱，遇到刮风

下雨这种恶劣天气的时候就会发生多次停电，极大影响社会的生产和百姓生活。今年"利奇马"台风非常厉害，台风登陆杭州湾的时候，我们国网公司有一位田汉霖的小伙子成了人民网的"网红"，他在连续参加工作12个小时抢修工作以后，工作领导强制让他休息，这时他痛哭了，他说我不要休息，还有那么多线路没有恢复，我哪能睡得着呢。我听到这句话也感到特别的感动，我仿佛看到了自己刚参加工作时的样子，以及这些年和我并肩作战的同事们的样子。作为我们电力人的一种责任担当就是这样一代一代的传承下来的。

以前可以说我们面对恶劣天气的时候那是有点胆战心惊，现在我们更多的是心中有数，因为我们的电网已经逐步建为坚强的智能电网，我们的配网抢修效率由过去的以"小时"为单位降低到现在的以"秒"为单位。

　　发生这些变化，我觉得源于两个字，那就是创新。在我 33 年的工作生涯中，对我影响最大、影响最深刻的也是这两个字：创新。作为一名一线的产业工人，我为自己和大家一起能够赶上尊重劳动、尊重创造的伟大时代而感到幸福和骄傲。在我看来，没有创新就没有新中国 70 年来所取得的辉煌成就，也就没有我和大家正在享受的美好生活。

　　特别是近 20 年来，可以说我们搭上了国家科学技术快速发展的顺风车，让我们这些一线"爱琢磨、爱捣鼓"的产业工人，也可以站在时代的前沿去展现我们的现代价值。我创新的最早出发点相对简单，那就是想，当时想让我们的同事干活的时候更安全、更方便，老百姓用电更安全、更省心。当时我看到小伙伴们在更换变压器保险的时候费时费力又危险，我就研制出可摘取电压刀闸，使更换电压刀保险片的时间由过去的 45 分钟缩短到现在的 8 分钟。当看到滨海地区生态环境转好，大量鸟类聚集滨海，在电力设施上栖息的时候就会影响电网安全，我制作出防鸟害、防污闪、防锈蚀的"三防凉帽"，以及新型的驱鸟器，做到了鸟和设备的两相安。当我看到老旧居民小区楼道黑暗的时候，我研制出了新型的节能灯具系统，让老旧社区的百姓也能共享光明。

在开展创新的实践中，我感到了发自内心的一种快乐。尽管我们的工作普通而平凡，但我认为，这些小小的积累，同样是我们国家走向繁荣和强大的一部分。

今年 1 月 17 日，习近平总书记视察天津的时候，我非常光荣地在天津滨海中关村向总书记演示了我们研发的带电作业机器人情况。总书记看了我们的演示之后，夸奖我们职工创新团队实践出真知，总书记非常和蔼可亲，并询问了我个人的学历情况和获得的荣誉。我回答总书记说，总书记，我是中专学历，我最感到高兴的是，党中央授予我改革先锋时的评语，创新型一线劳动者的优秀代表，这也是我现在和今后奋斗的目标。总书记听后非常高兴，鼓励国家电网人"继续努力，再创新高"。

我向习近平总书记汇报的带电作业机器人，也是我在生产实践中形成的创新项目。作为电网企业，我们始终把"让老百姓想用电时就有电"作为我们的工作目标。我们开展带电作业也是实现这一目标的一个重要手段。带电作业危险，可以说艰苦，人工智能发展起来以后，我就想通过开发人工智能带电作业机器人，解决带电作业的困难。在公司的支持和相关团队的配合下，我带领团队进行深入研发。2017 年，第一代带电作业机器人研发成功了，并被天津市列为天津市人工智能的重大科技项目。今年 8 月 23 日，在支持保障残奥会、特奥会开幕式保电工作中，我们第三代机器人"创享三号"顺利完成了现场带电作业操作工作，中央

电视台也进行了播报。看到中央电视台播报我们机器人在十几米高空进行带电作业的镜头，我看到它们，就感觉像一个长袖善舞的工匠在高空作业，所以说，我也感谢组织上对创新的支持，更感谢团队对我们的努力和付出。

我只是一个平凡的产业工人，作为一名时代楷模，我内心感到的是忐忑，更多的是鞭策。我要坚持不断地学习，向老一辈的先进人物学习，学习"铁人"王进喜拼搏奋进的精神，学习雷锋全心全意为人民服务的志愿服务精神。作为一名共产党员、一名时代楷模如何保持这种先进性呢？我认为要学习王进喜的"五讲"，讲进步，不要忘了党；讲本领，不要忘了大多数；讲成绩，也不要忘了群众；讲缺点，更不要忘了自己；讲今天，我们也不要忘了历史。

我为生于伟大祖国而感到骄傲，祖国的哺育，让我们根深叶茂，我也为我的企业感到自豪，在我们 160 多万国家电网职工的共同努力下，我们国网公司连续三年获 500 强企业第二、电网规模跃居世界第一，成为 20 年来全球唯一没有发生大面积停电事故的特大型电网企业。新时代的中华大地正以新的姿态创造新的奇迹，让我们共同携手、诚实劳动、创新创造，为我们伟大祖国的光明未来而奋斗不息！谢谢大家！

演讲视频二维码

其美多吉

『时代楷模』，中国邮政集团公司
四川省甘孜县分公司长途邮车驾驶员

雪线邮路是我一生的路

其美多吉

大家好，我叫其美多吉，是中国邮政集团公司四川省甘孜县分公司一名长途邮车驾驶员。

1963 年，我出生在德格县龚垭乡，家里有 8 姊妹，我是老大，那时家里十分贫困，初中没有读完，我就回家干农活了。

18 岁那年，我买了一本汽车修理的书，慢慢琢磨着学会了修车和开车。1989 年，成了德格县邮电局的第一名邮车驾驶员，感觉特别光荣。

十年后，单位把我调到了甘孜，跑甘孜到德格的邮路，这是我们甘孜海拔最高、路况最差的邮路。这条路，大半年都是冰雪覆盖。冬天，最低气温在零下四十多度，路上的积雪有半米多深，车子一旦陷进雪里就很难出来，积雪被碾压后，马上就结成冰，就算挂了防滑链，车辆滑下悬崖、车毁人亡的事故也时有发生。

邮路上，我们最害怕的就是遇到"风搅雪"，它就像海上的龙卷风、

沙漠的沙尘暴，狂风卷着漫天大雪，能见度极低，汽车根本无法行驶，全靠一步一步摸索探路。我们每一个邮车驾驶员都被大雪围困过，当过"山大王"。被困山上时，寒风裹着冰雪碴子，像刀子刮在脸上，手脚冻得没有知觉。晚上，为了取暖和驱赶狼群，我们只有生火，单位培训告诉我们，人在，邮件在，紧急情况下，除了邮件，什么都可以烧，最困难的时候甚至连备胎和货箱木板都拆下来烧过。

有人跟我说：多吉，你不是在开车，而是在玩命！其实，我也知道生命的宝贵，因为我们都知道，生命不仅是自己的，也是家人的、单位的，我们永远都把安全放在第一位。值得骄傲的是，我们车队从未发生一起责任事故。

在邮路上，孤独是最难受的，有时可能半天遇不到一个人、一辆车，特别是临近春节，路上几乎看不到车，别人在家跟父母、子女团圆，只有我们开着邮车，离家越来越远。30 年来，只在家里吃过 5 次团年饭，我

觉得自己不是一个称职的丈夫和父亲。但我知道，乡亲们渴望从我们送去的报纸上了解党和国家的政策，盼望亲人寄来的信件和包裹。乡亲们都说，每当看到邮车，就知道党和国家时时刻刻关心着这里。所以，再苦再难，我们的邮车都必须得走。

"别人有困难，我们一定要帮，不能把邮路的优良传统丢了"，这是一代代邮运人传下来的一句话。我从未忘记。

1999 年的冬天，我看到一辆大货车停在雀儿山的路边，我赶紧下车询问。司机拉着我的手说："我们是去拉萨的，车子坏了，困在这已经两天了，求你帮帮我们。"过去藏区交通很落后，货车载人是常见的事，那辆车上有 30 多个人，有老人、妇女和小孩，他们都非常的焦急。我一边安慰着他们，一边赶紧帮他们修车，经过反复尝试，终于找到了问题，修好了车子，他们都非常高兴，围着我，用最朴实的民族方式为我祈福。

过去，邮路上意外和危险会经常发生。2012 年 9 月的一天，我开着邮车返回甘孜。晚上 9 点多，路边冲出一帮歹徒，拿着砍刀、铁棒、电警棍，把邮车团团围住，我冲到邮车前，还没反应过来，他们就一阵乱打乱砍，我昏了过去。后来才知道我被砍了17刀，经历了大大小小6次手术，医生说，我能保住命已经是个奇迹了。出院后，我的左手和胳膊一直动不了，就连藏袍的腰带都系不了。作为一个藏族男人，连自己的腰带都系不了，还有什么尊严。

受伤期间，最担心我的，是我的妻子泽仁曲西。她一直为我担惊受怕，我最亏欠的也是她。受伤一年半后，有一天停水了，我和妻子去提水。两个7公斤的塑料桶，我试着提了起来。那是我受伤后第一次提起这么重的东西，我很兴奋。往前走了几步，发现她没有跟上来，我一回头，看见她正在擦眼泪，那是我受伤后第一次看到她哭，在我生命最危急的时候她都没有在我面前哭过。看着她哭，我也哭，那一刻，我才意识到，在我生命中，她是那么的重要。

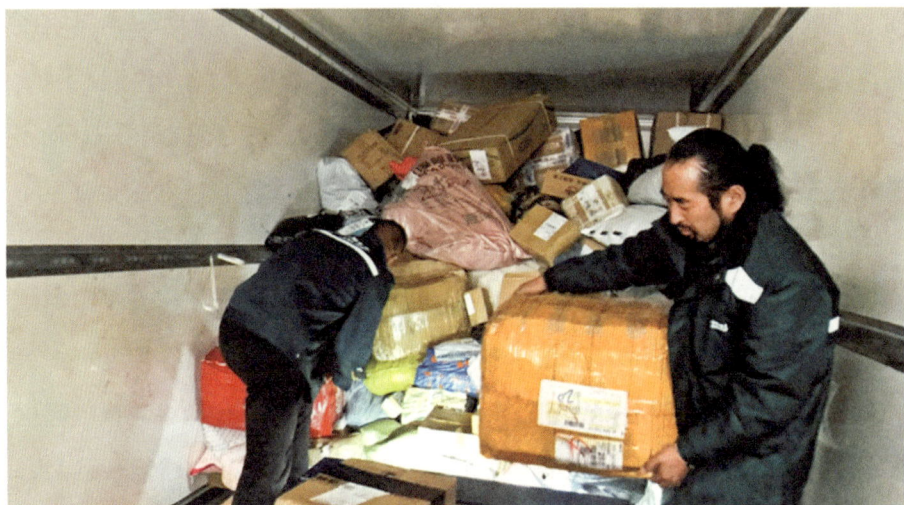

　　身体基本恢复后，每天看着来来回回的邮车和同事们忙忙碌碌的身影，我实在坐不住了，整天想重返邮路。领导告诉我，你的主要任务就是把身体养好。但我想，是组织关心和同事的帮助给了我第二次生命，人要凭良心做事，我必须回报。直到第六次提出申请后，我才重新开上了邮车，带着一颗感恩的心，重新回到"雪线邮路"。

　　2017 年 9 月 26 日，雀儿山隧道开通了。我开着邮车作为社会车辆的代表第一个通过，以前过雀儿山需要两个多小时，现在只要 12 分钟就过去了！这条人间天路让我感叹，我们的祖国太伟大了！

　　30 年来，我从邮车和邮件上，看到了改革开放带来的巨大变化。我的邮车从最开始 4 吨，换到了 5 吨，再到 8 吨，到今天的 12 吨；邮车上装的是孩子们的教材和录取通知书、报刊和机要文件，还有堆积如山的电商包裹，我知道这些都是乡亲们的期盼和藏区发展的希望，是伟大中国梦实实在在的成果。

　　2016 年 5 月和 2017 年 4 月，我两次到首都北京，代表康定至德格邮路车队领取奖牌。那是在大山里开车的我做梦都没有想到的。回来后，我就递交了入党申请书，现在我已经是一名共产党员了。

我知道，我所取得的这些荣誉，不仅仅是我和我们车队，也属于坚守在"雪线邮路"上一代又一代的邮政人和交通人，属于广大藏区的各族同胞。

跑了 30 年的邮路是寂寞和艰辛的，但这是我的选择，从来没有后悔过。

"雪线邮路"是我一生的路！谢谢，扎西德勒！

演讲视频二维码

刘海莹

『时代楷模』，塞罕坝机械林场代表，总场党委书记、场长

做生态文明建设的"先锋树"

刘海莹

现场的各位朋友好、各位网友好，我汇报的题目是"做生态文明建设的先锋树"。

人们在恶劣的自然条件下造林时，会先栽上一些适应性强的树，为其他树种落地生根创造条件。这些树被叫作"先锋树"。

在人们心里，老书记王尚海就是一棵永远挺立的"先锋树"。

1962 年，41 岁的王尚海是承德专署农业局局长，塞罕坝林场组建，组织上派他担任林场第一任党委书记。在抗战时期担任过游击队长的王尚海，二话没说，像是要奔赴新战场的战士，举家上坝。

建场头两年，由于造林成活率低，加上生活艰苦，人们情绪一度很低落。王尚海穿上老皮袄，骑上黑鬃马，带着技术人员跑遍了塞罕坝的山山岭岭，仔细研究那些残存的落叶松。他和大家一起啃窝头、喝雪水、住窝棚。晚上睡觉的时候，总是睡在离漏风的草帘子门最近的地方。

1964 年春天，在决定林场命运的马蹄坑大会战中，王尚海亲自带着一个机组作业。植苗机在山地上开过，后面卷起厚厚的沙尘，裹着风雪，打在王尚海的脸上、身上，喘气都很困难，但他顾不得这些，跟在植苗机后面一棵一棵地察看刚刚栽种的树苗。他和大伙一起，憋足了劲，一定要把树种活，一定要把林场办下去！最终，马蹄坑大会战取得了全面胜利，开创了中国高寒地区机械栽植落叶松的先河。

很多林场老职工们记得，由于孩子多，王尚海一家人生活得很困难。有一次，一位老战友上坝来看他，正赶上他家吃午饭，除了一锅土豆煮白菜，别的啥也没有，仅有的两个黑莜面窝头，要紧着王尚海 70 多岁的老父亲吃。看到他的几个孩子穿得破破烂烂，饿得面黄肌瘦，老战友难过得掉下眼泪，劝他别在坝上干了。可王尚海说，林场还没建成，我就是死，也要死在塞罕坝！

人们回忆，老书记曾经当众掉过两次眼泪。一次是马蹄坑大会战胜利的时候，他跪在山坡上号啕大哭；一次是他的小儿子发高烧，因为大雪封山，缺医少药，孩子的病转成了小儿麻痹。知道孩子将落下终身残疾，他紧紧地抱着孩子，哭了很长时间。

王尚海在塞罕坝干了 13 年，在任期间林场完成造林 54 万亩。1989 年，68 岁的王尚海病逝。遵从遗愿，他的骨灰被撒在了马蹄坑。伴他长眠的那片落叶松林，如今被叫作"王尚海纪念林"。

在王尚海的身后，是塞罕坝坚韧不拔、无私奉献的共产党员的群像。

塞罕坝原来是没有樟子松的。樟子松的家乡在大兴安岭，它耐寒、耐旱、耐瘠薄。1965 年春天，后来曾担任过河北省林业厅厅长的技术员李兴源开始试验引进樟子松。育苗必须用农家粪做底肥，他就在路上捡拾马粪驴粪，还经常去附近公厕掏大粪。松芽出土时最怕鸟来啄苗，他拿着铜锣，在苗圃地周围使劲地敲。就这样，一试三年，终于取得了樟子松育苗的成功，如今，樟子松已成为塞罕坝的第二大树种，解决了干旱沙地造林的一大难题。

1984 年，我从河北林业专科学校毕业到了塞罕坝，成为塞罕坝第二代务林人中的一员。在我的心中，我的入党介绍人王凤明，就是我身边的一棵"先锋树"。

王凤明大我十岁，我们曾一起共事十多年，情同手足。我到林场工作时还不是党员，王凤明和我结成了对子，工作中处处帮助我，生活中常常照顾我，我和爱人结缘就是他给做的媒。从他的身上，我明白了什么是共产党员的先锋模范作用。

王凤明工作十几年，工作岗位换过四五回，最苦、最偏远的林场他都干过。我曾问他，刚干出成绩就调离，你就一点想法也没有？他憨厚地笑着说，我是个党员，党让干啥就干啥，干啥也得干好！

2005 年，一位工人在清理水井时遇险，他第一个跳下井去救人，不幸以身殉职，年仅 50 岁。当时，我正在省城开会，听到这个噩耗，泪水一下子就模糊了双眼。凤明老哥，我就知道你是这个脾气，干啥都要冲在最前面，干啥都把最难最险的留给自己！你这一生没有做过一件惊天动地的事，没有说过一句感天动地的话，但在我心里，你永远是一个顶天立地的共产党员！

塞罕坝上的这些共产党员，就是我的人生榜样。像他们一样，我把人生和事业扎根在这片林海。多年来，我主持完成了樟子松常年造林技术、云杉育苗等课题研究，创造了石质山地造林绿化新模式，让

检查造林质量

造林成活率提高了60%。在第三乡林场担任技术副场长期间，我尝试引入全面质量管理方式，使第三乡林场在生产联查中连续六年获得第一。

如今，我成为林场的第12任党委书记，绿色的接力棒交到了我们这一任党委班子手中，如何在生态文明建设中，继续发挥先锋模范作用，做绿色发展的开路先锋，守住、守好这片林子，让它绿得更有质量，是我们思考最多的问题。

当年造林时，我们是按照每亩300多棵的密度栽植落叶松，现在我们通过抚育间伐，要不断地去掉次树，选留好树，每亩只保留十几棵树时，就利用树下空间栽上新树。用这样的办法，我们实现了森林数量和质量的

调查苗木生长情况

双提高。

吃祖宗饭，断子孙路不是能耐，还祖宗账，留子孙粮才是本事。近年来，林场大幅压缩了木材采伐限额，全面停止了天然林商业性采伐，木材收入占总收入的比例已降到了 50% 以下。我们还把最擅长的育苗技术变成了产业，建成了 8 万亩的绿化苗木基地。通过发展绿化苗木、森林旅游等实现的收入，已经超过总收入的一半。目前塞罕坝林场森林资源总价值已达到 206 亿元，每年带动当地社会实现总收入超过 6 亿元。塞罕坝的这片绿水青山，已经成为真正的金山银山！

习近平总书记的批示对塞罕坝建设者给予了高度评价，这让三代塞罕坝人备受感动，无比自豪。生态文明建设在总书记心中分量有多重，塞罕坝人肩上的担子就有多重。中国梦，需要更多的"中国绿"，我们将不忘初心，牢记使命，走好新时代的长征路，以高质量发展推动塞罕坝"二次创业"，在绿色发展的新征途上，当好"先锋树"，再创新辉煌！

谢谢大家！

演讲视频二维码

互 动 问 答

主持人： 第一个问题交给王传喜书记，我们刚刚通过您的故事了解
到，大家都知道的，之前代村是比较脏乱差的小村子，经过十
几年发展现在已经成为远近闻名的富裕村，强国论坛的网友想
请您谈谈这么多年在代村工作的心路历程是什么样的？

王传喜：

大家好。我们代村在 1945 年成立了党支部，成为红色堡垒
村，那时候我们的心中就飘起了中国共产党的党旗。我们村里有
好多的仁人志士，抛头露、洒热血，为了革命，为了民族的独立
和解放，人民群众都踊跃地抗战支前。新中国成立以后，六七十
年代，我们又成为农业学大寨的标兵，我从小就是听着这些故
事，受着感染长大的。

20 世纪八九十年代，我们村里由于各种原因，成了脏乱穷
差的落后村。我那时候比较年轻，经济发展也有了一些成绩，作
为一名党员，被群众推举成了村干部，一干就是 20 年。虽然取

得了一些成绩，但这主要得益于党的好成绩，得益于各级领导的关心、培养，得益于群众的理解、支持。我感觉到做得还很不够。给我很高的荣誉，这是各级组织的厚爱，我光荣地成为时代楷模、全国优秀共产党员、全国劳动模范，还光荣地出席了党的十九大。荣誉是激励、是鞭策，更是责任和使命。

下一步，我决心初心不改、永葆先进，努力奋斗、再创佳绩。要牢记总书记的嘱托，当好乡村振兴的领头雁，为全面建成小康社会作出积极的贡献。

主持人：谢谢王书记分享这样一份心路历程。老马您好，接下来也是一位强国论坛的网友向您提问。刚刚通过您跟我们分享的故事也知道，其实基层干部是打通联系群众最后一公里非常重要的一个角色。可能很多基层干部在工作方法上，也在不断地探索和努力，所以，这位网友向您提出的问题是，对于广大众多的基层干部群众来说，您有没有一些好的行之有效的方法能够推荐给他们？

马善祥：

谢谢网友的提问。我们要做好群众工作必须有正确的方法指导。我这 30 年如果说做得好的时候，主要运用了四种方法：以情动人、以理服人、以德感人、以法助人。这是传统的方法，也是时代的方法。像以情动人，讲的不只是个人的感情和个人朴实的愿望，靠这一点你是撑不住群众工作的，必须要靠对党的感情、对人民的感情，而且要对党忠诚、牢记全心全意为人民服务的宗旨，这样在任何时候做群众工作都能够保持真挚感情和满腔热情。以理服人并不是单纯地讲道理的重要，而主要是要不断培养群众的理性思维，让他们自觉地克服那种情绪化、片面化、主观性，对认识问题、解决问题的影响，所以，我们长期都用正确的方法去宣传，帮助群众在思想上提高，从而推动实际问题的积极解决。以德感人是这两年抓得比较多的，因为习近平总书记讲"法安天下、德润人心"，我们基层要坚决贯彻落实。我在处理问题当中，更多地发挥道德的作用和价值。比如说我去解决矛盾的时候，有两点道德实践：第一，有理也要让人。比如说你们两个在吵架，即使你有点理，你也让一点人，这样为问题的解决创造条件，你自己也在矛盾当中可以变得高尚一点。第二，从良心上过得去，就是我们在处理问题时不要绝对地都从问题本身来找答案，有时候要把问题放在一边，从良心上评价。良心过得去，你就坚持，良心上过不去，你就不坚持。这种引导有些群众认识错误，最后就修正和改正错误。道德实践这两点收获很大。

最后一点是以法助人。我们帮助人的方法，涉及两个部分，一个是法律，一个是群众工作方法，我们在基层解决问题，一定是要把法治方式、法治思维和群众工作方法结合起来，以讲法和情感结合、讲法和道德结合、讲法和思想政治工作结合，讲法与策略技巧结合，这样做工作回旋余地就大，就适应各种矛盾挑战，效果一定会好。谢谢。

主持人：您刚刚说的 16 个字，我感觉不仅仅是我们广大基层干部，我们每一个人，每一个朋友在生活当中都能用到。如果大家都能够做到这几点，可能我们的生活就会变得很和谐、很美好。谢谢老马的建议。

接下来强国论坛网友提问张黎明班长。他说，在您几十年如一日的工作当中，其实电力工作也很辛苦的，过去有时候可能在很多农村地区，停电还是很常有的事情。他想请您跟我们分享一下，在这几十年工作当中有没有让您印象最深、最值得回忆的事情跟大家分享？

张黎明：

我主要是干外线抢修这一块 33 年，故障抢修是经历了很多，说到印象最深刻的，我觉得有一件事，也和我们故障抢修有关系。我是干外线的，外线和天气还是有关系的。我们为了快速抢修，我们班组有黎明案例库，共有 50 多个案例，提高抢修技巧。包括对天气也进行过分析。向大家介绍一下，现在是 8 月 28 日了，还在汛期，实际可能雨不那么多了，这个是什么感觉呢？我们南方，刚才我提到了台风，他们是在南方杭州，4—9 月是汛期，我们北方 6—9 月是汛期，但是真正对咱们造成影响的我们叫主汛期和盛汛期，京津两地应该是七下八上，就是七月下旬和八月上旬，京津两地 70%、80% 的雨量集中在这里，雷雨天气都集中在这里。我们那儿塘沽是 7 月 20 日的前后两三天总会有一场最大的雨，这是主汛期的一个高潮；8 月 10 日前后两三天也会下一场比较急的大雨，也预示着主汛期的落幕。今年是 7 月 22 日下的大雨，8 月 12 日塘沽那块也下雨，而且受"利奇马"的影响，稀稀拉拉下到 12 日结束，在北京的朋友应该知道，咱们北京有一个"7.21"，我们天津有一个"7.20"，都是在我们判断的节点之上。这个时间我们都会准备特别好。2009 年也是 7 月二十几日一场大雨，我们掉了十几条线路，这个时间节点，我们每个人都像一个战士一样，我们提前都准备好了，把我们队员分配好，分了几组，进行抢修，像经历一场小的战役，可以说是迎战的状态。那天整整干了一宿，干到天亮，整整干了 30 多个小时。这期间，我记得是两点多钟，我家里有急事找我，给我打电话让我回去一趟，我确实分不开身，我就没回去，让我们离得近的同志去了一趟帮我解决了一下。不光抢修回不去，像我们最为关键的节点，春节、三十晚上，这种需要合家团圆的时候是我们电力工人保电的时候。我最长的纪录是连续十年，2007 年一直到 2017 年，连续十年大年三十都是在抢修现场和我们值班室度过的，我觉得作为一个班长，这个关键点我应该和队员在一块。在 2012 年我父亲病重的时候也赶上这样，大年三十也是想和家人团聚，但是我觉得还是应该坚守岗位。中间我就没回去。但是多少心情受一点影响，我们巡线查找到最后，我开车带着两名队员巡线巡到我都感觉天亮了，看着天有点亮的时候特别困，我开着车，有一段时间开始我们还是在讨论故障，一会儿我就觉得两位也不跟我说话了，我就眼皮特别沉，自己坚持不住好像舒舒服服地睡了十几秒，这时候突然有个想法，不行，我开着车呢，使劲睁了一下眼睛，攥着方向盘，一看车真的偏了，其实也就睡了两三秒钟，但是开车疲劳真的能睡着，那一次我就记得特别清楚。一个是觉得像这样的故障抢修，现在岁数越来越大，对不起家人，亏欠媳妇多一点，现在可能有这种想法，我也就把这次故障记住了。

主持人：谢谢张班长的分享。接下来请其美多吉回答我们这位网友的提问。他说您在邮路上驾龄 30 多年了，在您驾驶 30 多年邮车生涯当中，对甘孜地区沿途的面貌或者当地居民的生活，肯定会有感受。您觉得这 30 多年最大的变化是什么？

其美多吉：

当初开上邮车是一个老旧的解放牌邮车，故障率比较高，而且经常在路上抛锚，后来更新为载重 5 吨的东风牌，要想开上一个新车，也是有条件的，要工作表现好，驾驶技术好。后来随着经济发展得越来越快，邮件量不断地增大，邮车的更新速度也加快了，从东风 EQ140 到东风天龙，载重量、货箱长度不断增加，车辆的质量、舒适性也大幅度地提升，甘孜地区道路也从崎岖不平的沙石路，变成了平整的油沙路面，缩短了车辆行驶的时间，原来跑百公里需要三到四个小时，现在只需要一个半小时。2018 年年底，到甘孜州的第一条高速公路也通车了，结束了边远山区没有高速路的历史，道路两旁的农牧民的住房也从当初低矮破旧的简易住房，变成了具有浓郁地方民族特色的宽敞的藏房，藏区也发生了翻天覆地的变化，人们生活也得到了极大改善。

主持人：谢谢多吉的分享。下面一位强国论坛网友向刘海莹场长提问：从 1962 年至今，塞罕坝地区的变化是翻天覆地的，想请问的是塞罕坝地区的生态修复和绿色发展，您觉得里面的成功因素会归结于哪几点？

刘海莹：

各位网友好。塞罕坝 1962 年由林业部建场，到今年已经走过了 57 个年头，总结起来，我们感到，塞罕坝取得了成功，有这么几点感受。第一，党的领导的结果。1962 年，正值国家三年困难时期刚过，但是党和政府就开始了生态环境建设，在总体设计任务书当中有明确的表述，其中是这样说的，"改变当地自然面貌，保持水土，为改变京津地区风沙危害创造条件"。同时在党的号召下，三百多人聚集到高寒的坝上地区进行了艰苦创业，是党的领导力量建设了塞罕坝，也是党的正确决策推动了塞罕坝的快速发展。

第二，塞罕坝人秉承着"久久为功、功成不必在我"的信念。在北方地区造林，是很艰难的，栽那么多树苗，我们栽的针叶树 40 多厘米高，50 多年才能长到 20 厘米接近 30 厘米，如果没有功成不必在我的精神，坚持一年两年三年、十年八年也可能成果不明显，到 50 多年的今天才看到满山翠绿的景象，没有这种"功成不必在我"的精神是坚持不到现在的。

第三，艰苦创业的精神。塞罕坝人一直秉承着艰苦创业的品质。当地的气候条件虽然说距北京的直线距离不到 300 公里，距天安门广场 270 多公里的距离，可是最低气温在零下 40 多度，无霜期 60 多天，这是平均天数，并且降雨量 400 多毫米，冬季的天数在大半年，我们用气象学的指标统计，五年的平均气温，低于 22 度，高于 10 度是春秋季，低于 10 度是冬季，我们低于 10 度的天数平均在八个半月。在这样寒冷的天气下，还地处偏远，在内蒙古和河北的交界处，在内蒙古高原南缘或者大别山的前沿，生活条件随着咱们国家的强盛在改善，但是自然条件还是改变不多的。能够在这种艰苦的条件下奋斗下去，能够不忘初心，塞罕坝的初心就是把这块地绿起来，能够牢记自己的使命，能够坚持改善生态环境，这也是塞罕坝变化的一个重要因素。谢谢。

主持人：谢谢。王书记，刚刚从您的讲故事当中我们感觉到，一个美丽乡村要振兴、要发展，除了要有个带头人之外，其实还要找到一个适合自己发展的路子。我们现在知道，我们代村还跟其他的村展开了振兴互助团结的活动。具体能介绍一下我们和当地哪个村子，怎么会组成这样的活动，包括下一步的打算是如何的呢？

王传喜：

　　主持人好，大家好。惠及 13 亿多人民的小康社会，是我们中国共产党向全世界的庄严承诺，也是第一个百年梦想，脱贫攻坚大见成效，已经有几千万人稳定脱贫，我们在脱贫攻坚全面建成小康社会的进程当中，做好表率作用。几年以来，我们和好多村结成了对子，互帮互助，特别是前一段时间，我们和贵州遵义的团结村结成了友好互助村，这也是两个革命老区的村庄，两个时代楷模所在的村庄，结成对子，非常有意义，我们党建共建，资源、信息共享，实现全面发展。我们也同沂蒙革命老区的几个村庄：厉家寨、九间棚、后峪子结对帮扶，共建共享。我们也同兰陵县 200 多个贫困村，通过党建扶贫、科技扶贫、资金扶贫、贷款扶贫进行帮扶，每年拿出 2000 多万元搞扶贫。

　　党的十九大提出了乡村振兴战略，我们也提出了二次创业，高质量发展。我们这些年获得了好多荣誉，荣誉只代表过去，我们要掀起新的创业发展的高潮，巩固好原有的产业，补齐短板，再开拓新的产业。我们要在健康养老、文化教育、农产品的精深加工等方面去破题，我们也联合了周边的 12 个村庄，搞了 20 多平方公里的规划，要打造一个农业之城、产业之城，成立了联合党委，要打造全国的乡村振兴先行区，为全面建成小康社会作出积极的贡献。

主持人：在脱贫攻坚全面建成小康社会的路上，我们几个村子有经验、有资源的村子手拉手一起走可能会走得更快更踏实一点，互相学习、互相借鉴。这也是值得我们更多地方学习借鉴的地方。

强国论坛网友向张黎明班长提问，刚刚听您讲上面很难忘、印象很深刻的事情，我也想到这个问题，在三十年如一日的抢修一线的工作当中，有很多难处，比如没有办法陪伴家庭，哪怕是在节假日的时候，还有开车的时候，过度疲劳，可能睡着几秒也是有生命危险的。在这样几十年如一日坚守在我们的抢修一线，坚守在第一岗位，您的动力支撑点是什么？

张黎明：

确实这个也有人问过我，30年怎么保持这种热情的。我觉得这种动力来自我工作的一个任务和目标，就是一种标准。我认为我的工作目标就是想让老百姓用电时就有电，我跟班组的队员说过，咱们的班组怎么能算干好了，我觉得就应该是，不光是领导，让很多人感觉不到咱们这个班组的存在，咱这个工种的存在。我们保的电，就像空气、阳光和水一样，就在身边，但是，他不能感觉到我们的存在。所以，这就是我的目标。我的班组，我觉得咱们要能做成这样，那才是做好了。为了这个目标，我觉得一直是像我说的那句话，服务没有最好，创新才能更好。

第二，我们开展志愿服务工作，在服务之中我们受到过这种正面的反馈，我们队员都有感受。有一次来了几个大爷，他们楼道里面扶手带电了，让我们帮忙解决。我说行，是个夏天，我们队员去了好几个，这几位大爷也不会说什么，但是他们都带着蒲扇，跟着我们楼上楼下地跑，在后面给我们扇扇子，那种感觉，从行动上我就看出来，这种凉在身上，但是心里面是热的，赠人玫瑰，手有余香的感觉，让我觉得志愿服务值得干下去。

主持人：谢谢黎明班长。接下来这个问题是强国论坛的网友向老马提问。现在我们感觉到，随着经济社会的发展，我们发现其实群众的诉求、需求也越来越多，而且越来越多样化。针对这样的一种形式，我们作为党员，作为党的基层干部，如何去适应群众这种多样化的需求呢？

马善祥：

群众多样性的需求，我就从两样开始谈，那就是雪中送炭和锦上添花。有一次一个女士穿得很得体，她住在我们一个很高档的小区里面，她那天来"老马工作室"反映问题，说他们在临街的街心花园跳舞，晚上灯不亮，而且跳久了，那个环境比他们想象的要差一点，卫生管理也差一点，希望我们是否能提升一下。后来我跟领导汇报以后，领导高度重视，城管、物业、环境保护部门的同志下去看，还真的帮群众解决了一些问题。她很高兴。我觉得这一点总体上就属于锦上添花的事。也就是让人民群众生活好上加好。

但是另外，我也遇到过一次协调群众的困难协调了 24 次，他是一个农转非人员，当时没有买社保，就在社会上自己创业，后来因为违法犯罪进监狱了，回来后 58 岁了，社保金没有，是迫在眉睫的问题，就找到街道来了，我们和社保所的给他查资料，提供依据，给他反映问题，给他争取政策，前前后后给他协调了 24 次，终于到 60 岁的时候他领到了社保金。这就是属于雪中送炭的事。

从这两个片段我觉得有个规律，人民群众的满意，往往与干部的努力是分不开的，所以，我们也就找到了满足群众多样性需求的，我觉得应该是个规律性的东西，那就是立足岗位，如果我们千千万万的国家机关工作人员、党员干部都立足在自己本职岗位上，以更好的态度服务群众，以更强的能力帮助群众，以更好的成果去造福群众，那么群众诉求、多样性需求就一定能够得到更好的满足。

主持人：谢谢老马。雪中送炭，锦上添花。怪不得老马能三十多年持续地去做群众工作，而且能把群众工作做好，就比如刚刚这一点，本来我这个腰坐得有点酸了，就侧着，老马刚刚不是表扬我，是提醒我，要把腰杆赶紧直起来，说明他说话很讲究方式和方法。也感谢老马的提醒，谢谢您。

接下来我们看到有一位强国论坛的网友提问给其美多吉，他说，刚刚您在故事当中也讲到了，雀儿山隧道通车了，今后再也不用翻越那座危险的道路，作为邮运战线少数民族的员工，此时此刻想表达的是什么？

其美多吉：

雀儿山隧道于 2017 年建成通车，避开了海拔 5050 米的雀儿山垭口那段极度危险的路段。这段隧道是目前世界上海拔最高的特长隧道，修建中攻克了很多世界级的建设难题，它的通车使驾驶员面临的天堑变通途。通车当天，我作为社会车辆，驾驶邮车第一个通过，这也是对我们邮运工作的最大的认可。作为雀儿山隧道的见证者，我感到无比的骄傲和自豪。

今年 1 月，中宣部授予我"时代楷模"的荣誉称号，这不仅仅是我一个人的荣誉，更是对整个中国邮政战线守初心、担使命的高度肯定。今年伟大祖国迎来了 70 周年的大庆，作为一名少数民族，作为中华 56 个民族中的一员，我为全中国人民日益幸福感到无比自豪。我坚信，在习近平新时代中国特色社会主义思想的引领下，祖国会更加繁荣富强。我祝福中国邮政发展越来越好，祝福我的家乡甘孜明天更美好。谢谢。

主持人：谢谢多吉。最后一位网友提的问题留给刘海莹场长，刚刚在您的分享当中我们感受到了，塞罕坝林场要发展，我们要做好绿色发展的同时，怎么样更好地做好开发工作，这两者之间有一个平衡的问题。这位网友问我们如何做好生态保护和开发两者的关系，能够促进绿色发展？请您跟大家分享一下您的观点。

刘海莹：

塞罕坝经过 50 多年的建设，已经是绿水青山变成了金山银山，但是那个地区气候条件和自然条件相当恶劣的，一个是降雨量低，还有土层薄、生长期短。如果利用不当、保护不好，这个环境可能要恶化，这也是我们心中最担心的问题。但是从建场之初我们就坚定了一条原则，就是生态优先。我们从来是保护至上的，利用是在保护前提下进行的。在保护上我们有两套体系，一个是护林防火体系，在护林防火上我们建立了巡护、检查、瞭望、扑救以及地理组格，还有通信系统，由此保障我们在护林防火上不出问题。50 多年来，我们没有发生过一起森林火灾。第二类保护是病虫害防治，尤其人工林的形成，病虫害发生也是时有的现象，但是我们建立了一整套监测预报、预防处置的体系，并且在处置过程中，使用无公害的手段，将虫害控制在有虫不成灾的限度内。

在利用方面，我们坚持的是采伐量永远低于生长量，我们现在采伐量是生长量的三分之一左右，保持森林蓄积量是持续增长的。并且在采伐方式上，是以间伐为主的方式。

还有，那个地方还是一个森林草原交错带，1500 米的高原地区，景色非常优美，气候也相当凉爽，还是个旅游区。在旅游上，我们坚持着控制人数这个方法，防止环境发生破坏。据测算，整个公园的人口流量应该在 100 万左右，每年我们只控制在 50 万左右，也担心更多的人到塞罕坝，在环境上受到影响。

总之，我们坚持的是保护优先，利用第二，使那个地区永远实现可持续发展、绿色发展。谢谢。

主持人：谢谢刘场长的分享。

今天我们在现场用一个多小时的时间聆听了我们五位时代楷模、改革先锋为我们分享他们精彩感人的故事，他们虽然讲述的是自己的故事，但是展现出来的是我们中国人民为实现中国梦所付出的努力、所取得的成就，也深刻诠释了一种民族精神和时代精神。

庆祝中华人民共和国成立 70 周年

系 列 论 坛

第四场

2019 年 9 月 4 日

the Fourth Part

钱七虎 / 李保国 / 刘洋 / 付小兵 / 王占军

钱七虎

教授

中国工程院院士、陆军工程大学

铸就共和国 "地下钢铁长城"

钱七虎

大家好！非常高兴来到这里，和大家分享我的一些感悟和体会。我出生在战火纷飞的抗战时期，亲眼见证了国家的沧桑巨变，见证了我们国防和军队建设取得的巨大成就，特别是亲身参与并见证了我国防护工程研究与建设从跟跑到并跑、再到有所领跑的全过程，感到很幸运也很幸福。回顾我的人生历程，我想用三句话来表达。

第一句话，爱党信党跟党走，是我一生中最正确、最坚定的选择。1937 年 10 月，母亲在逃难途中的小船上生下了我。7 岁时，父亲因贫病离世，母亲靠摆小摊维持生计。说实话，如果没有抗日战争的胜利，没有1949 年的全国解放，没有国家的助学金支持，我早就会和哥哥姐姐一样失学、失业。1954 年经组织保送，我进入著名的哈军工学习。当时防护工程专业没人选，因为要跟黄土铁铲打交道，但是我始终服从组织分配，让我学什么就学什么。大学六年我只回过一次家，年年都被评为优秀学

员，是全年级唯一的全优毕业生。1960 年，我被选派到莫斯科古比雪夫军事工程学院学习深造。当时有位老红军跟我说，我们国家还有人吃都吃不饱，国家得用多少金条才能送你们去留学啊。我始终牢记使命、刻苦学习，获得工学副博士学位。留学归国后，我克服各种困难，一门心思做学问、搞研究。1980 年职称评审时，连助教、讲师都不是的我，直接评上了副教授。后来，组织又考察选拔我当了院长、评了院士，在专业领域取得一些成就。今年 1 月 8 日，习近平主席在国家科学技术奖励大会上，亲自为我颁发了国家最高科学技术奖奖章和证书。一路走来，我常对老伴和身边同志说，没有党的培养就没有我的一切，唯有献身党的事业，才能报答党的恩情。

第二句话，铸就坚不可摧的"地下钢铁长城"，是我矢志不渝的追求。世间万物，相生相克，有矛必有盾。如果说核弹是军事斗争中锐利的

"矛"，那么防护工程则是一面坚固的"盾"。20世纪六七十年代，国际冷战加剧，军备竞赛激烈，面对着严峻的核安全威胁，如何在不打第一枪的基础上，打好第二枪也就是保证"二次反击"呢？从那时起，为国设计打不烂、炸不毁的"钢城坚盾"成了我一生未曾动摇的目标。20世纪70年代初，我受命担负飞机洞库门设计，专门赶赴核爆试验现场进行实地勘察和收集数据。现场发现，虽然此前的飞机洞库门没有被炸毁，飞机也没有受损，但是防护门出现严重变形、无法开启。门打不开、飞机出不来，就无法反击敌人、打击敌人。当时飞机洞库门设计采用手算方式，计算精度差、效率低。我率先引入有限元计算方法，加班加点翻译整理出十多万字的外文资料，通过当时中国最大的晶体管电子计算机计算，设计出当时跨度最大、抗力最高，能抵抗核爆炸冲击波的机库大门。

"矛"与"盾"总是在攻防对抗的进程中不断碰撞出新的"火花"。我们时刻跟踪着新型进攻武器的发展，只要是进攻性武器这个"矛"发展一步，就琢磨和研究让我们的"盾"如何更坚固一层。经过长达十多年的研究，我和团队攻克了一个个难关、突破了一系列技术难题，我们国家在防护工程领域逐步实现了飞跃发展，为我国战略工程装上了"金钟罩"。

第三句话，谋求国富民强，是我一生最大的心愿。大国间的竞争，不仅体现在军事实力上，更体现在综合国力上。作为一名革命军人、一名科技工作者，既要关注如何增强国防实力、维护国家安全，也要关心提高综合国力、谋求人民幸福。1992年年初，珠海特区建设机场，要炸平一座山，爆破总量1085万立方米，要求一次性爆破成功，数万发雷管不能有哑炮，一半的土石方定向投入大海，一半的土石方必须松动破碎，而且要确保邻近1000米内的两处村庄安全。这样大的爆破，世界还无先例，难度很大。我带领团队先后六下珠海，和大家一起研究总体方案和每个施工环节，当年 12 月成功实施爆破，创造了世界爆破史上的新纪录。

我始终觉得，做科研工作不能仅仅着眼当下看得见的事情，更应该站在国家的全局进行前瞻思考。自 20 世纪 90 年代末起，为预防和治理交通拥堵、空气污染、城市内涝等"城市病"，我利用自己研究地下工程占有大量国内外学术资料的优势，率先提出开发地下城市空间、发展城市地下物流等创新观点，先后组织编制了全国 20 多个重点设防城市的地下空间规划，主持了北京、深圳、南京、青岛等十几个城市地下空间规划的评审工作。由我主持制定的我国首部《城市人防工程防护标准》，获得国家人防科技进步一等奖，并在全国 60 多个大中型城市的毁伤分析中广泛应用。这部《标准》一直沿用至今。我常对我的学生讲，一定要将个人命运与国家、民族的命运结合起来，哪些事情对国家和人民有利，我们的兴趣和爱好就要向哪里聚焦，只有这样，才能收获成功的事业和幸福的人生。

各位网友，我今年 82 岁了，虽然已经退休了，但我觉得还有很多事情要做。在我有生之年，我将始终做到毋须扬鞭自奋蹄，继续在防护工程领域潜心研究，继续带好学生、培养人才、关心团队建设，为国家铸就钢铁强盾，为经济和社会建设做出新的更大贡献。谢谢大家！

演讲视频二维码

李保国

火箭军某旅政治委员

用强军思想锻造战略铁拳

李保国

我们战略导弹部队是一支很神秘、也很神圣的部队，始终与党、国家和民族的命运紧密相连。20 世纪 50 年代，面对帝国主义的仇视围堵，毛主席掷地有声地说，在今天这个世界上，要不被人欺负，就不能没有这个东西。为打破核讹诈核垄断，大国重器横空出世，打出了大长国人志气的"争气弹"。历史的脚步走到今天，习近平主席决策加快打造世界一流战略军种，火箭军伴随着民族复兴、改革强军应运而生，划出一道道壮我国威军威的如虹弹道。我们旅作为这个战略导弹家族中的新成员，为打造捍卫国家主权安全的"王牌""底牌"努力着、奋斗着。今天，我和大家分享在习近平强军思想指引下，锻造决战决胜战略铁拳的几点感悟。

第一点感悟：真理之光照亮忠诚之魂。我军是党缔造和领导的人民军队，听党指挥是永远不变的军魂。对火箭军部队来说，绝对忠诚是与生俱来的红色基因。1959 年 9 月，党中央、中央军委一声令下，从炮兵教导大队遴选的 300 多名官兵，满怀对党和人民的一腔赤诚，上不告父母、下不告妻儿，悄无声息从北京长辛店出发，千里机动到河西走廊，虽然不知何时才能与亲人重逢，但他们没有丝毫犹豫彷徨，不问归期、不提条件，组建我军第一支战略导弹部队"地地导弹第一营"，践行了党指向哪里就奔向哪里的忠诚誓言。党的十八大后，习近平主席视察原第二炮兵机关，强调第二炮兵是党中央、中央军委直接掌握的战略力量，在政治上必须特别过硬，确保官兵绝对忠诚、绝对纯洁、绝对可靠；之后，又决定把第二炮兵更名为火箭军，亲自授予军旗并致训词。

我们旅组建之初，人员来自不同单位、官兵思想千差万别，面对如山重任，怎样从一开始就打好部队听党指挥的忠诚底色？我们的答案是：建旅先铸魂，聚人先凝心。我们把学习贯彻习近平强军思想作为立根固本的

▌锻造先锋利剑，做精武强能的领跑人（摄影　刘潇意）

灵魂工程，探索推开课程化组学、通俗化促学、常态化帮学、网络化助学路子，编创强军思想思维导图、手绘漫画、文化书签等，官兵思想的炉火越烧越旺，忠诚的根子越扎越深。新战士小郭，自称"佛系青年"，认为"大道理"和"小战士"关系不大，类似情况还不少。我们开展"个人梦如何融入强军梦""小岗位如何干成大事业"讨论辨析，帮助他们拉直心中问号。入伍第二年，小郭就被评为岗位成才先进个人。实践中我们感到，导弹是冰冷的，号手是有思想的，有了科学理论指引方向，我们的导弹才能越打越准。

第二点感悟：真理之光照亮打赢之路。党的十八大以来，军队有一种味道越来越浓，那就是备战打仗的硝烟味。关注军队的朋友，可能经常从媒体上看到我军红蓝对抗、远洋训练、战略巡航等演练场面，相信很多人被我军火热的练兵场面所感染，但也可能会有人问，现在不打仗，练兵有什么用？在我们旅驻训场上有一幅巨大的标语牌，上面写的是："能战方能止战，准备打才可能不必打，越不能打越可能挨打。"这就是习近平主席深刻指出的战争与和平的辩证法。这些年，习近平主席对军队备战打仗看得最重、关切最多、忧思最深，亲自视察军委联合作战指挥中心、参加全军开训动员，接连向全军发出胜战之问、价值之问、本领之问，要求全军把备战打仗作为主责主业，树立了当兵打仗、练兵打仗、带兵打仗的鲜明导向。全军上下全部心思向打仗聚焦、各项工作向打仗用劲，能打仗、打胜仗的底气越来越足。网上有这么一个段子：在中国有一家极其神秘的"快递公司"，他们长年深居简出、隐姓埋名、24 小时接单、全年无休，业务覆盖全球，所送之物无人愿意签收。这家备受瞩目的"快递公司"就是我们火箭军。为了送好"使命必达"的"东风快递"，近年来火箭军部队无预告拉动、随机抽点发射全面推开，循环滚动值班、常年备战机制形

在军事训练中当标兵、打头阵（摄影　马上）

成常态，跨区驻训、实兵演练、红蓝对抗常年组织，实战能力不断提升。我们旅虽然组建时间不长，但锤炼打赢本领一刻也不曾放松，广大官兵自觉练技术、练战术、练胆气，比学赶超氛围非常浓厚。这里给大家讲个故事，我们旅一名政治指导员，有次参加上级组织的创破纪录大比武，从早上 8 点到中午 12 点，连续做了 6408 个仰卧起坐，当时腰背上的衣服都湿透了、磨破了。在全旅官兵共同努力下，我们旅接收某新型导弹后当年参加上级考核，所有发射架均具备独立测试操作能力。

第三点感悟：真理之光照亮本色之美。古往今来，作风优良才能塑造英雄部队，作风松散可以搞垮常胜之师。习近平主席深刻指出，我军要强起来，作风必须过硬。党的十八大以来，在党中央、中央军委和习近平主席的坚强领导下，人民军队回归初心、回归传统、回归本色，气象面貌为之一新。作为旅党委班子的"班长",我深知作风形象是块"金招牌",连着人心,也连着战斗力。旅组建时,8 名党委常委来自 7 个不同单位,相互间接触很少,第一次常委会,我就立下"铁规":常委间决不能搞迎来送往。2 年多来,班子成员中 2 名同志调出,3 名同志家属生二胎,都是当面道喜、清清爽爽。我心里清楚,人情往来看似微小,连着的却是官兵的信任。一名干部探亲归来,给我发了一条短信:"家里自产的建德苞茶,有提神醒脑作用,给您带了一盒,放宿舍门口了。"我当即回了电话:"提神醒脑说得好,取回自饮醒醒脑!"选人用人最能考验一个单位的风气。一名技术干部感到新单位岗位多,到期就能调,干工作得过且过,去年面临调级时被旅党委坚决否掉。2 年多来,全旅先后调整使用干部 396人,选改士官 212 人,没有一封"告状信";百余人次在基地以上组织的考评选拔、比武竞赛中获奖或被通报表扬。组建 2 周年,一位已经调离的干部写来寄语:"第一届班子的实干担当、奉献精神、干净清爽,挺起建设部队的'铁脊梁'!"

演讲视频二维码

刘 洋

航天员

中国人民解放军航天员大队一级

刷新进军太空的中国高度

刘　洋

　　大家好，很高兴有机会和大家交流。很多人都问过我同样的问题，飞天是什么感觉？当航天员是什么感受？今天，我想结合自己的经历，谈三点体会：

　　第一点体会，被祖国和人民需要，是最大的荣耀和幸福。2010年5月，我正式加入中国人民解放军航天员大队，成为了我国首批女航天员。从一名飞了1680小时的飞行员转身成为一名航天员，绝不是一个轻松的过程，甚至可以说是一场炼狱般的"脱胎换骨"。仅基础理论学习，1年内就要掌握相当于大学3—4年的课程。而且有许多特因环境训练更是残酷，其中有一项训练叫转椅，当飞行员转椅只需坐2分钟，可当了航天员优秀标准却提高到了15分钟。我自认为前庭功能还是不错的，可当第一次转椅坐到5分钟的时候，那种突如其来的眩晕、恶心，瞬间让我脸色苍白、满头是汗，下来后整整一天吃不下饭。在训练的时候，我们手中都会握一塑料袋,但我不能吐,因为一旦呕吐,身体就会产生记忆,后面的训练中就很难克服。我也可以喊暂停,但首批航天员大哥十几年来没有一个人中途放弃,我又怎能轻易妥协。为了提高前庭功能对抗空间运动病发生几率,我每天都坚持打地转,15 圈、20 圈、30 圈。为了提高头低位耐力,每天睡觉我都扔掉枕头,垫高脚。每天清晨我都会对着镜子中的自己大声喊"加油,加油",每晚我都会问自己"今天你努力了吗",当我最终以优异的成绩通过全部考核,被确定为神九任务的女航天员时,那些搬着双腿上

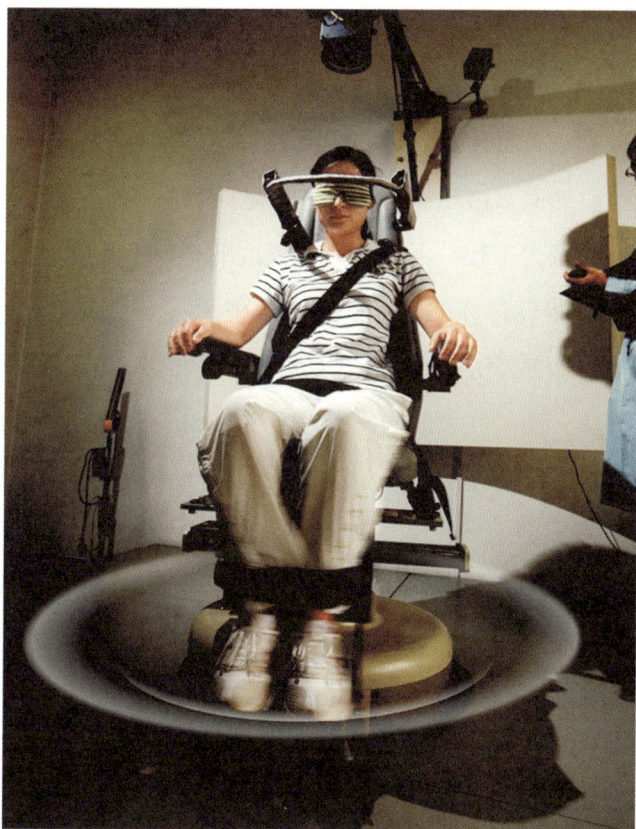

2011 年 11 月 2 日 刘洋进行转椅训练(摄影 朱九通)

楼、连做梦都是实验和操作、技能与原理的日子，显得那样的意义非凡、那样的弥足珍贵。那一刻，一种巨大的幸福感像暖流一般在心中流淌，这是被祖国需要、被任务挑选、被人民信任的幸福，是个人梦想融入祖国荣耀的幸福！

我们航天员在太空都有一个共同的感受：飞得离地球越远，心与祖国贴得越近。记得执行神九任务的 13 天里，每 90 分钟飞临祖国上空一次，特别是夜间，能清楚看到城市的灯光，每次我都会心跳加速，情不自禁隔着舷窗凝视祖国。每一次，我都由衷地感到，祖国，真美！

第二点体会，祖国托举我飞天，航天梦见证强国梦。神五飞天后，我们航天员大队收到一封特殊来信，来信者名叫方国俊，是 20 世纪 70 年代我国选拔出来的航天员预备人选之一。当时，国家首次启动载人航天"曙光一号"工程。然而，由于那时国家经济基础和科技水平薄弱，很难支撑起载人航天这个庞大工程，不到 5 年就被迫下马，飞天成了方国俊一生无法实现的梦想和难以释怀的遗憾。他在信中说："你们是幸运的，赶上了好时代，我为你们骄傲，更为伟大祖国骄傲！"航天员飞天，靠的不是一个人、一个团队，而是强大的国家、综合的实力。我们载人航天工程，直接参与研制的研究所、基地等一级单位就有 100 多个，配合单位多达上千家，涉及数十万科研大军，更有全国十四亿人民和全世界中华儿女的支持。哪个环节、哪个部门、哪项技术、哪类保障跟不上，都不可能有今天发发圆满、次次成功的奇迹。费俊龙曾对国外同行讲过一段话，他说，"你可以分享我的快乐，却无法分享我的自豪。因为在我身后，站立着的是强大的祖国和人民！"

我现在都清楚记得，参加在意大利那不勒斯举办的第 63 届国际宇航联大会时，大会主席看到台下的中国代表团，特意向来宾介绍我是来自中国的首位女航天员，会场上响起了热烈的掌声。会上，当看到中国载人航天工程办公室领导和美国、俄罗斯代表一起为其他200多个成员国发放会旗时，我一下子热泪盈眶，国家发展了，科技强大了，走出国门，我们的脊梁挺得更直了。上个月，我和陈冬受邀访问了纳米比亚。所到之处，处处都能感受到纳米比亚人民的热情真诚，感受到华人华侨的骄傲和自豪。纳米比亚总统根哥布对我说，中国真了不起，希望纳米比亚能更多地分享中国航天成就！那一刻，我为自己是一名中国人而深深自豪！

第三点体会，刷新进军太空的中国高度，飞天的脚步永不停歇。航天员从事的是世界上最危险的职业之一。有人曾问我，"你难道真的不怕死吗？你有没有想过可能会回不来呢？"其实，没有人会不珍惜生命，只是这个世界上一定有一些事情值得去奋斗和牺牲。记得执行神九任务前的一天晚上，我和爱人在航天城院里走了一圈又一圈，两人都沉默不语。最后，我抬起头对他说："万一、万一我真的回不来，你一定要答应我两件事：第一，替我照顾好爸爸妈妈，他们就我一个女儿；第二，娶一个能顾家的妻子吧，这么多年，没能好好地照顾你。"还没等我说完，他就打断我："不，你一定能回来，我等你！"面对小家与大家、生命与使命的碰撞和抉择，宁可亏欠小家决不愧对国家，这就是我们所有航天员无怨无悔的选择！

按照我国载人航天工程"三步走"发展战略，载人飞船阶段和空间实验室阶段已圆满收官，目前正朝着"第三步"冲锋——建造中国空间站。现在，我们正紧张备战空间站工程任务，遇到的困难和挑战远超我们的想象。记得第一次参加舱外服水下试验，我在120多公斤的服装中才工作了四五个小时，手就已经不停地颤抖拿不稳笔，而将来真正的出舱活动，一次就要连续工作七八个小时。没有捷径，没有巧工，只有练，练，练，加

2010 年 9 月 27 日　刘洋在水上进行水上出舱训练

量的练！学，学，学，玩命的学！若问我这事业苦不苦，苦；若问我这事业累不累，累；可一切在我的心目中又是如此的值得和幸福！就像我们航天员经常讲的，为国出征是航天员永恒的梦想，只要祖国一声令下，我们随时准备挺进太空、挑战新高度。

演讲视频二维码

付小兵

中国工程院院士、解放军总医院第四医学中心研究员

战创伤救治走向科技前沿

付小兵

各位朋友大家好，非常高兴与大家一起分享我的经历。

我参军入伍、走上军事医学道路，得益于 1978 年的秋季高考，被原解放军第三军医大学录取，使我同时实现了学医和参军的梦想。回想起来，是高考改变了我的人生，如果没有党和国家恢复高考制度的英明决策，我也就不能参军入伍，也将和军事医学无缘。40 多年一路走来，我见证了我国战创伤医学的发展历程，可以自豪地说，我国的战创伤救治技术已经由传统方式突破到生物高技术前沿，实现了技术水平的跨越发展，创伤防治能力在国际上处于先进行列。今天和大家分享我的 3 个经历。

第一个经历，亲历战场救治立下投身军事医学研究初心。20 世纪 80 年代中后期，我国边境还不安宁，当时我正在攻读野战外科学研究生，为研究战伤曾先后 4 次赴前线部队开展战伤调查与救治。一次一名侦察兵不慎踩上地雷，右腿下部被炸得像扫帚一样，由于当时的医疗技术限制，为了保住战友性命只能把他的右下肢全部截掉。这名侦察兵醒来后看着空荡荡的裤管，号啕大哭。这件事给我留下了非常深的印象，我想要提高战创伤救治水平，光靠热情与干劲和传统的救治技术是不行的，必须开拓创新，在救治理论和关键技术上获得突破。我下定决心：一定要研究出治疗战创伤的办法，守护好战友们的生命安全。从前线回来后，我集中精力做了两件事。一是研制"外科清创眼镜"，解决如何在战创伤早期快速准确判定正常与坏死组织界线问题。为帮助医生在野战条件下比较清晰分辨正常区和坏死区的界限，通过大量动物实验、参与战场救治以及对 2000 余例战创伤资料系统的研究，我总结出了高速枪弹伤道周围不同区域组织活力的变化规律，并利用光谱分析技术对损伤组织光谱特性的研究，发现了正常组织与失活组织对光的反射在某特定波长段存在的显著差异，经过各种努力最终突破了技术和材料难题，成功研制出了能够快速准确判定损伤组织范围并进行精确清创的滤色清创眼镜，这项成果获得了 1990 年度的国家技术发明三等奖。二是研究促进战创伤修复机理，解决如何促进损伤组织快速修复问题。为快速提升创面愈合时间，我们团队率先开展生长因子调控创面愈合研究，从以生长因子为代表的高新生物技术领域建立治疗战创伤新的方法，并与相关单位合作研制出促进战创伤创面愈合的基因工程国家一类新药。临床实践证明，新疗法使急性创面愈合时间比传统疗法缩短 2 至 4 天，慢性难愈合创面的愈合率提高 30% 左右。目前，这项成果已经治疗患者 6000 万人次以上。如果那位侦察兵的遭遇发生在现在，他就很有可能不需要被截肢，我们的救治能力完全能够让他健康痊愈。可以说，战场上的那位侦察兵的遭遇是我开展战创伤研究的向导。时至今日，官兵所需始终是我们的主攻方向，战场所需始终是我们的研究重点。

　　第二个经历，突破技术难题使战创伤救治走向国际前沿。很长一段时

1983 年付小兵在解放军第三军医大学野战外科研究所

间，我国的战创伤救治都是向西方学习、跟着别人走，在一些技术难题上
更是难以突破。在救治过程中，我们发现现代战争特别是抢险救灾任务中
的很多伤病员都是烧伤造成的，而重度烧伤病人由于汗腺被彻底损毁，是
无法正常排汗的，生活质量受到严重影响。为了把这个医学上的不可能变
为可能，我们用了近 10 年时间。那是 2000 年的一天，我正带领学生做实
验，不经意间发现在不应该出现干细胞染色的地方，竟然出现了干细胞染
色！经过反复实验论证，我们最终确证了这是一个新的发现，是在创面

愈合条件下，生长因子将已经分化的表皮细胞诱导转变为表皮干细胞的重要生物学现象，用老百姓的话来讲就是"老的细胞"通过去分化转变成干细胞，变得"年轻"了。借助这一发现，我们进一步将人体骨髓间充质干细胞诱导转变成为汗腺样细胞，并于2007年成功开展了国际上首例利用人体干细胞再生汗腺研究。首例汗腺再生手术对象是一名被严重烧伤的武警战士，在手术后的随访中，他说："我终于能出汗了，夏天舒服多了，这在以前是不可想象的。"这项成果被国际同行誉为"里程碑式的研究"，也标志着我国战创伤救治迈入世界前沿，我本人也荣幸地被国际创伤愈合联盟授予"国际创伤愈合研究终身成就奖"。

第三个经历，加速战创伤救治成果转化造福社会。随着国家经济社会的不断发展，人民大众发生疾病的规律在不断变化。一段时间以来，随着

付小兵在实验室进行科学研究

我国人口老龄化不断加剧，糖尿病变得高发，我带领团队对国内 148 万住院病人的体表创面流行病学特征进行了研究，发现糖尿病足创面（糖尿病诱发的难愈创面）已经成为我国创面发生的主要病因。我和团队先后到国内 50 多个城市的 130 余家医院，深入调研 3000 余例创面患者，进一步搞清了创面发生特征，搞清了创面难愈合的发生机制，并以此为突破口，创新了 4 种治疗方法，使糖尿病足的总体截肢率下降至 7.2%，远远低于欧洲的 22% 和日本的 52%，典型单位的总体治愈率从 60% 上升至 94% 左右。这里有一个故事，一位在 1942 年遭受战争迫害的老年创面患者，由于下肢创面始终没有愈合，受伤后 70 余年里从未穿过袜子。经我们团队治疗 50 多天后，老创面竟然奇迹般地愈合了，这位老人激动得泪流满面，"我

2008 年 6 月付小兵在加拿大召开的第三届国际创伤愈合大会上做专题报告

终于可以穿上袜子了"。为让更多创面患者享受更体面的健康生活，近年来，我和团队在全国 20 个省市 60 余家医院开展了创面治疗师培训，1 万余名基层医护人员接受了专业训练，14 万余名创面患者得到了科学救治，一系列研究成果荣获 2015 年度国家科技进步一等奖。

回首 40 多年军旅生涯，岁月在变，人生在变，参军入伍时的初心和誓言从未改变，始终沿着这个方向一步步往前走。这期间，既有成功的喜悦、也有曲折中探索，但更多的是作为军人的自豪和从事战创伤救治的责任，我将和我的团队一起研究探索更多医学成果，更好守护官兵健康、服务社会大众。

演讲视频二维码

王占军

武警某部猎鹰突击队特战三大队大队长

特战尖兵的使命与荣光

王占军

大家好！很荣幸能与大家交流，分享几个作为特种兵代表参加国际军事比武竞赛活动的故事。

第一个故事，初出茅庐参加国际比赛，坚定"一切为打赢"的决心。2010 年夏天，我第一次出国到匈牙利参加第 9 届世界军警狙击手锦标赛，这个赛事有"枪坛世界杯"之称。经过激烈角逐，我们夺得军队组团体冠军和警察组团体亚军，实现了中国在这个赛事上奖牌零的突破。赛事组委会特别震惊，因为之前我们连前十都没进过，《欧洲时报》还在头版刊发了"中国，让世界惊讶"的报道。这里，我还想给大家透露一个鲜为人知的细节：这次比赛的颁奖典礼比原计划推迟了整整 2 小时，为什么？事后才知道，组委会没有准备中国国旗，现场军乐队也不会演奏中国国歌，还是临时从我国大使馆借来的国旗和国歌音乐。这是我第一次意识到个人与国家结合得是如此紧密，只有国家强大，别人才会真正尊敬你；同时，国家的强大又是通过一个个人、一件件事来印证和体现的。所以说，"走出国门，你代表的就是国家形象"这句话绝不是一句口号。当时我就下定决心：必须拼命练就过硬本领，军人打不赢，一切等于零！从那以后，我们出国比赛再没有碰到过不准备中国国旗、不会演奏中国国歌的情况，因为我们拿奖已经成为了常事。比如2013年，5个比赛项目我们拿了3个冠军，后来举办方甚至专门针对我们修改了比赛规则。这看起来似乎不公平，但也说明了他们对我们实力的认可，甚至是顾忌。都说军人为战而生，战场上浴血奋战是军人的天职，在国际赛场为国争光同样是军人的荣耀。今天在赛场上我们能战胜对手，未来在战场上我们也一定能赢得胜利。

第二个故事，参与国产"高精狙"的研发，用实战经验助力装备发展。说到狙击比赛，就不得不提起一个大家都很感兴趣的"角色"——狙击步枪。现在我们配发使用的7.62mm国产高精度狙击步枪，基本达到了国际先进水平。但之前我们出国比赛用的，还是85式狙击步枪，精度、瞄准倍率、枪械构造等都与其他国家使用的枪支相差很大，这也是之前我们成绩不理想的一个原因。这里我分享两个比赛的细节，第一个，其他国家的选手看到我们拿着"85狙"走上赛场的时候都笑了，虽然笑得比较含蓄，但我们仍能感受到那种轻视，感觉很不舒服；第二个，"85狙"是自动抛壳，在比赛中经常会干扰到其他选手，有一次抛出的弹壳烫到了旁边选手的脖子，他们就向组委会提出抗议，我们只能用背包放在枪支一侧挡弹壳，感觉很是尴尬。我当时最大的梦想就是能用上我们自主研发的"高精狙"，打败其他国家的狙击手，争回这口气。现在我的梦想实现了，我有幸参与了国产高精狙的研发试用，提出的一些建议也得到了认可和采纳。制造一支好的狙击步枪，对制作材料、构造原理、制造工艺都有很高要求，所以从过去的"85狙"到今天的国产"高精狙"，我们看到了整个

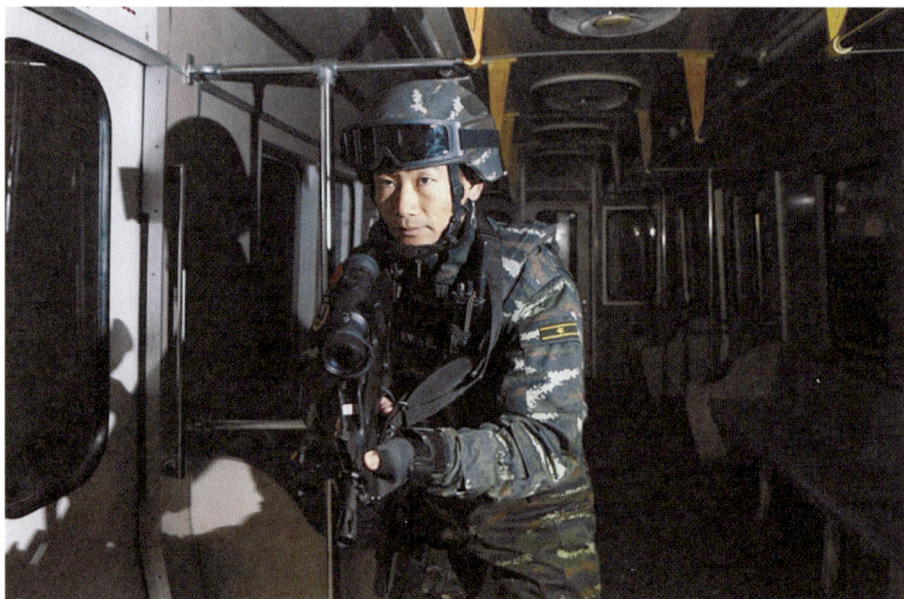

军工体系能力的提升，见证了中国制造向世界领先水平的赶超，相信我们的武器装备一定会越来越先进、越来越精良。

第三个故事，当好"兵教头"，带出更多特战尖兵。武器装备越精良，越需要能充分发挥它性能的人才。2015 年 6 月，我第五次出国参赛，身份从队员变成了队长，那次我们包揽了全部五项冠军。队员中有个狙击手，虽然领悟能力强，但发挥不稳定，前期考核中经常失败。有一次训练，他没有打好，就要我再给他一发子弹。当时我就问他：棋局失败了还能复盘，战场失利了还能重来吗？对狙击手而言，实战中机会往往转瞬即逝，必须练就一枪毙敌的本领。后来，他沉下心来刻苦训练，和战友一起取得小组团体冠军，荣立一等功。这件事带给我很多思考，那就是如何把自己的技能传授给更多的战友，带出更多的顶尖狙击手。于是，我开始总结狙击经验，研究反恐理论，在《轻兵器》等国家级核心期刊发表了

10篇学术论文，还编写了《军警狙击手射击课目研究与应用》个人专著，先后带出了十几个世界冠军，培养了600多名反恐人才。我想，作为特战大队的大队长，培养更多特战尖兵，在赛场上、在战场上最关键的时刻能够一击制胜，才更有成就感，也更光荣。

去年"锋刃—2018"国际狙击手竞赛，我们又包揽了小组和个人总冠军，同时我们还从参赛方变成了主办方、成为了东道主，充分说明我们在狙击领域，已经处于领先水平，获得了国际普遍认可。其实，这只是中国军队走向世界的一个缩影。近年来我们参加和组织的中外联演联训、国际比武竞赛和各类军事论坛越来越多，与世界的交流融合也越来越深入。在与世界不断的交流融合中，我们也愈发从容、愈发自信。这自信源于祖国的不断强大，也彰显了我们的大国力量和大国担当。

　　作为一名特战尖兵，能够亲身参与我军对外交流活动，展示人民军队维护和平的坚强意志和过硬能力，我感到十分荣幸。我想，就在此时此刻，就在每时每刻，有无数名官兵都像我一样、像一颗上膛的子弹一样，正在以临战的姿态，时刻守护着我们热爱的祖国和人民！我们将永远守护下去！

演讲视频二维码

互 动 问 答

主持人：强国论坛的网友提问钱院士，您能不能用通俗的话给我们讲讲到底什么是防护工程？

钱七虎：

　　我想用一个大家都熟悉的例子讲一下。我们两位武士格斗的时候，必定是一手拿矛，一手拿盾，矛是进攻敌人，盾是保护自己。我们的飞机、大炮、导弹是我们军队的矛，但是我们还要有盾，那就是防护工程，保护我们的军队、保护国家和人民生命财产不受损害，这就是盾，这就是防护工程。只有强大的国防坚不可摧，才能保持我们国家的和平安宁，才能使我们的人民过上和平安宁的生活。

主持人：李政委，在我们印象中政治工作主要是做思想工作的，作为一名旅政委你是如何抓备战打仗的？

207

李保国：

政治干部既会做思想工作，又会指挥打仗，这是我军的一个传统。习近平主席要求政治干部要努力学军事、学指挥、学科技，政治工作要成为行家里手，军事工作也要成为行家里手，这样才能把政治工作做好。这些年，我拜了很多"兵师傅"，学最难的控制专业，背最难背的三路图，加班加点跑电路、练操作。通过努力，我掌握了 3 种型号武器专业原理，连续 4 年被评为军事训练一级个人。我感到，政治干部肩上的星星越多，打仗的本领就要越大。同时，政委作为党委书记，还要确保部队把备战打仗作为中心工作，在经费投入、选人用人、立功受奖等方面向备战打仗倾斜聚焦，使部队始终保持正确政治方向和旺盛战斗热情。

主持人： 刘洋，强国论坛网友问，作为一名航天员，你是如何看待风险的？

刘洋：

确实，载人航天是一项高风险、高危险的事业。目前全世界 500 多名航天员中，有 27 人在执行任务和训练时不幸罹难，训练中受伤率高达 24.6%。我记得刚加入航天员大队时，杨利伟就这样说过："只要祖国需要，哪怕只有百分之一生还的机会，我也会义无反顾。"正是有了这种大无畏的英雄豪情和血性胆气，神五任务时，面对火箭低频振动叠加在人体内脏的强烈共振，杨利伟咬牙坚持，以顽强的意志挺过了难关；神七任务时，翟志刚、刘伯明面对舱门打不开和轨道舱火灾警报的紧急情况，以"哪怕回不去，也要让五星红旗在太空高高飘扬"的坚强决心果断出舱，把中国人首次行走太空的脚步留在了浩瀚宇宙，他们的壮举让我深深钦佩。我们全体航天员曾面对五星红旗庄严宣誓，"英勇无畏、无私奉献、不怕牺牲，甘愿为载人航天事业奋斗终身"，我想这句话，就是我们对待风险的态度。

主持人：付院士，您是国家恢复高考后军医大学第一批毕业生，毕业选择时，为什么选择了野战外科学，而没有选择那些比较时髦的专业？

付小兵：

谢谢主持人，谢谢网友，作为国家恢复高考后军医大学第一批毕业生，非常受欢迎，选择专业的余地比较大，我之所以选择从事野战外科学，主要有以下几个考虑：首先，我上军医大学的初心就是希望从事战创伤救治。野战外科学是军事特色最明显的科学，最有机会直接上前线参加战伤救治。其次，野战外科学理论性、实践性都很强，它要求军医对知识与技术了解掌握更全面更深入，对年轻人的锻炼很大。另外，当时解放军第三军医大学野战外科研究在国内外非常有名，还有一批名家大师，如后来成为工程院院士的王正国教授、相关领域从事烧伤治疗研究的黎鳌院士、从事复合伤治疗研究的程天民院士以及从事火器伤治疗研究的刘荫秋教授等。如果以现在时髦的名词来讲，我们当时也应该是"追星族"，追的是这些科学大家。最后一点，军人应当无条件服从国家和军队需要，专业的选择需要把个人的志向与国家和军队的需求紧密结合，当时由于人才的缺乏断层，这一学科急需补充大量新鲜血液。

主持人： 王队长，作为一名"神枪手"，能跟我们网友分享下练习狙击有什么诀窍吗？

王占军：

最重要的是苦练加巧练。苦练就不用多说了，狙击手的训练强度大家都有所耳闻。日复一日，谁坚持到最后谁就能胜利。巧练我想多说两句。我有一个窍门，就是为每颗子弹建"档案"。狙击看似动作简单帅气——据枪、瞄准、击发，一气呵成，一击必杀，但每射出一发子弹，风向、风速、光照、气温、湿度等要素对射击的影响都非常关键。因此，我习惯给射出去的每一发子弹都建立"档案"，要素包含时间、地点、风向、风速、光照、气温、湿度、距离等具体参数，一般一周下来至少也有 1 万多字，现在我手里积累了十几本子弹"档案"本。另外就是精良的装备和良好的心理素质，精良的装备能够最大程度展现你的硬实力，拥有良好的心理素质才能临危不乱，抗压能力和心理调节能力才会更强，能更好地完成复杂多变的任务。

主持人：那您在这十几年的狙击生涯中，最大的心得是什么？

王占军：

总结应该就是一个字——控。控制你的肌肉，当你打枪的时候，你会想枪产生的后坐力会撞到你的肩膀疼，你会下意识向前顶，但这样就会产生外力，就会影响这一发弹的精准度，所以要能控制你的身体。在据枪瞄准的过程中，透过瞄准镜看远处的目标，非常清楚，你本能地就会把视力放出去，但这是错的，要将你的精力回收，一部分放在目标瞄准上，一部分放在动作本身，所以要能控制你的本能。还有，就是要控制你的思想，我2010年第一次出国参加比赛，非常兴奋，可比赛一开始的几个科目，我接连失利，似乎掉到了一个深渊，一直挣扎着往外爬，甚至开始胡思乱想起来，那种感觉真的很痛苦。这时，教练在我无意识的状态下狠狠地给了我一脚，将我踢醒了，因为是第一次出国参赛，太想取得成绩，导致自己压力太大。后来我放平心态，扎扎实实把每个科目打好，把每一发弹打好，最后实现了中国在这项赛事奖牌零的突破，包括自己后来参加的多次比赛总结，都是这一个"控"字，特别是能控制自己的思想，是非常关键的。

主持人：付院士，您带领的团队在体表创面防治方面取得了重大突破，获得了国家科技进步一等奖。有网友提问，您的这些成果与社会大众有什么直接的关系？

付小兵：

　　与前面几位同志从事的宏大工程相比，我所从事的战创伤治疗就小得多了，但它同样是国家、军队和老百姓面临的重要问题。比如，随着人民生活习惯和疾病谱的改变，中国人群体表慢性创面（俗称溃疡）的发生率越来越高，治疗难度越来越大，根据计算大约每年的治疗需求在 3000 万人次以上。还有急性创面如烧伤、创伤等治疗需求也很巨大，这既是一个老问题，也是一个新难题。战创伤导致的创面和常见疾病如糖尿病导致的创面，在治疗方法和手段上有很多相似性，因此，我们把早期战创伤救治研发的成果转化应用到平时疾病导致的创面治疗上，在系统创新基础上建立了具有中国特色的现代创面治疗学科体系，治愈了大量以前难以治愈的病人，帮助他们解除了痛苦、享受到了更美好的生活。

主持人：强国论坛的网友提问刘洋，我国空间站 2022 年前后就要建成了，咱们航天员为此做了哪些准备？

刘洋：

　　感谢您关注载人航天事业，为了满足空间站任务需求，在未来空间站任务的航天员中，既包括航天驾驶员，也包括航天飞行工程师和载荷专家。空间站任务对我们每一名航天员来说，都是一次全新的挑战，因为未来我们在太空驻留的时间会更长，而且出舱活动将会成为一种常态，风险性更大，对航天员提出了更高要求。为此，我们在知识、技能、体力、心理方面都加强了针对性和适应性训练，我们有信心有决心有能力完成好空间站任务。

主持人：听说火箭军部队大多在山沟里，现在年轻人都愿意到北上广等大城市发展安家，网友想问问李政委，你们怎样做到让大家既安心又尽责？

李保国：

我也曾在山沟里工作多年，在这方面有很多体会，但我觉得最重要的一点是要真心为兵。我任某团政委期间，团里有个阵管连，处在大山最深处，条件十分艰苦，当时有句顺口溜"周围山连山，头顶锅盖天，脚踩乱石滩，手机没信号，追着太阳跑"。很多新兵刚到这个连队就开始打退堂鼓。我就给他们上了第一堂课，用坚守深山30多年的高级工程师老谭的事例引导他们端正入伍动机、系好"第一粒扣子"，帮助他们制定好成才路线图，并解决好他们工作生活中的实际困难。战士小刘，家境贫困没能报考大学，入伍后想学门专业在部队长干，我就建议他参加电焊专业函授学习，帮他联系驻地知名电焊师傅当老师，4年后他拿到焊工中级证书，还在上级比武中取得阵管专业第一名。我常给官兵讲，有困难找组织，组织出面就不难。士官转改的时候，战士们都争着抢着留队。战士们讲，在这里当兵，有组织的呵护，有家的气息，有手足的情谊。特别是当你对某个事业某个环境某个群体，从心底产生好感、有了信任后，至于苦啊累啊寂寞啊，那都不是事儿。

主持人：最后一个问题是网友提问给钱院士的，您是国家最高科学技术奖获得者，是名副其实的学术"大腕"，能不能跟我们年轻人分享下人生经验？

钱七虎：

谢谢网友的提问。可能大家都知道爱因斯坦曾经这样讲过，如果一个人把自己的安逸和享乐看作人生唯一的目标，那只不过是猪圈的理想。一个人要有远大的理想，就是把个人为国家、为人民做贡献、为时代做贡献作为自己的理想。根据我的人生体验，科技的成就或者人生的成果，有时候看来好像是偶然的机遇，但是我想说，机遇永远只是给那些有准备的人，所以我们要做好迎接成功的准备。这个准备对科技工作者来说，就是要有扎实的基本功，要有丰富的科学知识，掌握广博的科技信息。另外，科学研究是一个集体的事业，不是靠个人单打独斗能取得成功的。所以我们要处理好个人和群众的关系，个人和集体的关系，团结的力量永远是支撑我们干大事、干成事的重要因素。

主持人：今天，强国强军事业站在了新的历史起点上。摆在我们面前的使命更光荣、任务更艰巨、挑战更严峻。强军蓝图指引前进方向，展望未来，我们信心力量倍增！

庆祝中华人民共和国成立 70 周年

系 列 论 坛

第五场

2019 年 9 月 17 日

the Fifth Part

李小新 / 梁言顺 / 许又声 / 王洪祥

李小新

中央组织部部务委员

70年来中国共产党执政基础不断夯实
始终保持旺盛的生机和活力

李小新

各位观众、各位网友：大家上午好！很高兴参加这次论坛并与大家交流。

新中国成立70年来，我们党不忘初心、牢记使命，团结带领人民艰苦奋斗，中华民族迎来了从站起来、富起来到强起来的伟大飞跃。在波澜壮阔的历史进程中，党的建设全面加强，执政基础不断夯实，特别是党的十八大以来，以习近平同志为核心的党中央把全面从严治党纳入"四个全面"战略布局，以政治建设为统领，勇于自我革命，净化政治生态，持之以恒正风肃纪，推动党在革命性锻造中更加坚强有力。

坚持用马克思主义中国化最新理论成果武装全党、教育人民、指导实践，使我们党始终保持崇高的追求、坚强的意志、强大的战斗力。70年来，我们党始终注重思想建党、理论强党，坚持把马克思主义基本原理同我国国情和时代特点紧密结合起来，不断推进理论创新、实践创新，坚持用马克思主义中国化的最新理论成果武装广大党员干部头脑。早在新中国成立初期，党中央就印发《关于加强理论教育的决定》，要求全党极大地加强马列主义、毛泽东思想的教育。改革开放后，我们党先后对学习贯彻邓小平理论、"三个代表"重要思想、科学发展观作出部署。党的十八大以来，各级党组织坚持把学习贯彻习近平新时代中国特色社会主义思想作为重中之重，推动学习教育往深里走、往实里走、往心里走，有力地促进了全党思想理论水平的提高和党员干部主观世界改造。我们党坚持集中教育与经常性教育相结合，先后 10 多次开展集中教育实践活动，改革开放后组织开展了"三讲"教育、农村"三个代表"重要思想学习教育、保持共产党员先进性教育、深入学习实践科学发展观等教育实践活动。党的十八大以来，党中央先后部署开展党的群众路线教育实践活动、"三严三实"专题教育、"两学一做"学习教育以及"不忘初心，牢记使命"主题教育，引导广大党员干部增强"四个意识"，坚定"四个自信"，做到"两个维护"。大力加强和改进干部教育培训，强化党性党风党纪教育，开展专业化能力培训，党的十八大以来共培训干部达 1 亿多人次。广大党员干部立根固本、补钙壮骨，理想信念更加坚定，初心使命进一步筑牢，全党在自我革命中焕发出新的生机和活力。

坚持以伟大事业为导向推进高素质干部队伍建设，各级领导班子领导水平和执政能力显著提高。70 年来，我们党坚持从党和人民的事业需要出发选干部、建队伍、强班子，以正确的组织路线保证正确的思想路线和政治路线的实现。坚持党管干部原则。在革命、建设、改革的不同历史时期，我们党始终坚持党对干部人事工作的领导权和对重要干部的管理权，确保党和国家的领导权始终掌握在忠诚于党、忠诚于国家、

忠诚于人民的马克思主义者手中。党的十八大以来，习近平总书记深刻指出，用人权是最重要的执政权，党管干部原则必须牢牢坚持，不能动摇。各级党组织坚持把选人用人领导和把关作用，落实到领导班子分析研判和选拔任用干部动议、民主推荐、考察、讨论决定、任职等各个环节，落实到推荐提名和民主协商、监督检查等各项工作中。坚持党的领导和充分发扬民主相结合，注意听取各方面意见，实现组织意图、群众意愿、人岗相适有机统一。落实德才兼备、以德为先标准。我们党选人用人，既看干部的才，把才作为重要基础；更重干部的德，以德为先决条件。党的十八大以来，习近平总书记鲜明提出好干部二十字标准以及"三严三实"、忠诚干净担当等要求。各级党组织坚持把政治标准摆在首位，深入考察识别干部的政治忠诚、政治定力、政治担当、政治能力、政治自律，注重看干部面对急难险重任务是否站得住、敢亮剑、善斗争，把牢把实廉洁从政这个底线，实行"凡提四必"审核措施，防止干部"带病提拔"。创新选人用人方式方法，破除"唯票、唯分、唯GDP、唯年龄取人"偏向，树立正确用人导向。源源不断培养储备执政骨干队伍。我们党始终把培养选拔优秀年轻干部作为关系党的事业薪火相传和国家长治久安的根本大计，坚持老中青三结合，提出干部队伍"四化"方针，开展"第三梯队"建设，实现新老干部合作与交替。党的十八大以来，习近平总书记对培养选拔优秀年轻干部高度重视，亲自谋划、亲自部署、亲自推动，党中央及时制定印发大力发现培养选拔优秀年轻干部意见。中央组织部精心组织优秀年轻干部专题调研，加强对年轻干部的政治训练，优化成长路径，建立起一支来源广泛、数量充足、结构合理、素质优良的年轻干部队伍。同时统筹做好培养选拔女干部、少数民族干部和党外干部工作，一大批优秀干部走上各级领导岗位。不断提高干部工作科学化、制度化、规范化水平。我们党不断深化干部人事制度改革，健全完善干部工作制度机制。党的十八大以来，修订《干部任用条例》《公务员法》等基本规章，出台《党政领导干部考核工作条例》《推进干部能上能下若干规定》，不断拓宽视野和渠道，

新中国成立70年来党员队伍总量、结构变化情况

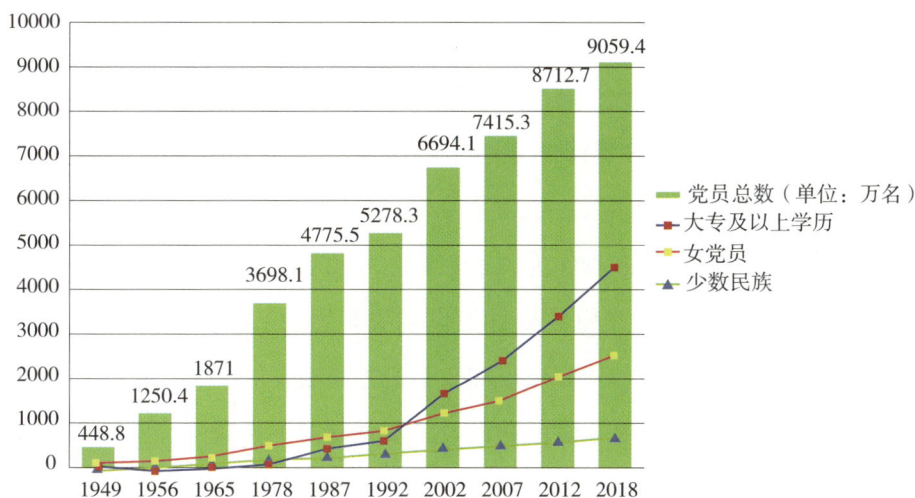

精准科学选人用人，深入推进素质培养、知事识人、选拔任用、从严管理、正向激励"五大体系"建设，使干部工作各项制度更加成熟、更加定型。

坚持把人才作为党最重要的执政资源，努力把各方面优秀人才集聚到党和人民的伟大事业中来。70 年来，我们党始终坚持把人才作为党最重要的执政资源，为党和国家事业发展提供强大支撑。新中国成立初期，党中央召开党的历史上第一次全国知识分子问题会议，之后我国广大知识分子发扬爱国奉献精神，在生产科研条件极其简陋情况下，产生了"两弹一星"、核潜艇、人工合成胰岛素、强优势杂交水稻等一批具有世界影响的科研成果。进入改革开放新时期，召开全国科学大会后，我国科技事业和人才事业迎来"春天"。我们党确立"尊重劳动、尊重知识、尊重人才、尊重创造"的重大方针，提出"人才资源是第一资源"，启动实施人才强国战略，实施人才发展规划。党的十八大以来，习近平总书记鲜明提出聚天下英才而用之，加快建设人才强国。我们着眼构建具有全球竞争力的人才制度体系，深化人才发展体制机制改革，推进重大人才工程，实施更加积极、更加开放、更加有效的人才政策，让各类人才的创造活力竞相迸发、聪明才智充分涌流。目前，我国人才资源总量达 1.75 亿人，人才事业呈现出全面系统、整体性的发展进步。

坚持把抓基层、打基础作为固本之策，推动基层党组织全面进步、全面过硬。党的基层组织是党的全部工作和战斗力的基础。70 年来，党的基层组织和党员队伍随着国家建设和改革进程不断发展壮大。党的十八大以来，党中央高度重视基层党的建设，印发党支部工作条例、农村基层组织工作条例，召开农村、城市、国有企业、社会组织党建和高校思想政治工作会议，加强基层党组织带头人队伍建设，普遍开展市县乡党委书记抓基层党建述职评议考核，持续整顿软弱涣散基层党组织，推进全面从严治党向基层延伸，基层党组织政治功能不断增强、组织力持续提升。切实加强党员队伍建设，认真落实"控制总量、优化结构、提高质量、发挥作用"要求，严把党员发展入口关，加强党员教育管理，严格党的组织生活，开展不合格党员处置，加强党内激励关怀帮扶，引导广大党员做到政治合格、执行纪律合格、品德合格、发挥作用合格。2018年年底，全国党员9059.4万名，基层党组织461万个，分别为1949年的20倍、23.6倍。基层党组织的战斗堡垒作用和广大党员的先锋模范作用充分彰显，涌现出焦裕禄、孔繁森、杨善洲、廖俊波、罗阳、张富清等一大批可歌可泣的先进典型。

各位观众、各位网友，中国特色社会主义进入新时代。经历70年奋斗征程，我们党充分认识到，实现伟大梦想，必须进行伟大斗争，建设伟大工程，推进伟大事业，其中起决定性作用的是推进党的建设新的伟大工程。我们必须高举习近平新时代中国特色社会主义思想伟大旗帜，认真贯彻新时代党的建设总要求和新时代党的组织路线，坚

基层党组织的战斗堡垒作用和广大党员的先锋模范作用充分彰显，涌现出焦裕禄、孔繁森、杨善洲、罗阳、廖俊波、张富清等一大批可歌可泣的先进典型

持和加强党的全面领导，坚持党要管党、全面从严治党，以组织体系建设为重点，着力培养忠诚干净担当的高素质专业化干部，着力集聚爱国奉献的各方面优秀人才，为坚持和发展中国特色社会主义提供坚强组织保证。

演讲视频二维码

梁言顺

中央宣传部副部长

高扬思想旗帜　共筑复兴梦想

梁言顺

　　70 年来，尤其是党的十八大以来，在中国共产党领导人民建设新中国、奋进新时期、开启新时代的壮丽征程上，宣传思想文化工作始终紧紧围绕党和国家的中心工作，深入传播党的声音、反映人民心声、奏响时代强音，为动员和激励亿万人民坚定不移跟党走、同心共筑中国梦提供了强大思想支撑和精神力量。这里，我从五个方面做个简要回顾：

　　第一，70 年来我们坚持固本培元，深入推进马克思主义中国化时代化大众化，坚持不懈用党的创新理论武装全党、教育人民，有力巩固了全党全国各族人民团结奋斗的共同思想基础。

　　理论学习方面，围绕学习贯彻毛泽东思想、邓小平理论、"三个代表"重要思想、科学发展观、习近平新时代中国特色社会主义思想，组织编辑出版《毛泽东选集》、《邓小平文选》、《江泽民文选》、《胡锦涛文选》、《习近平谈治国理政》第一卷、第二卷，编写《习近平新时代中国特色社会主义思想学习纲要》，加强党委（党组）理论学习中心组学习，用马克思主义中国化最新成果武装头脑、指导实践、推动工作。理论研究方面，相继建设一批重点理论研究机构，包括 37 家全国重点马克思主义学院、10 家习近平新时代中国特色社会主义思想研究中心（院）、15 家中国特色社会主义理论体系研究中心（基地）等，推出了一大批理论研究成果；国家社科基金自 1986 年设立以来累计资助 7.1 万个项目，马克思主义理论研究和建设工

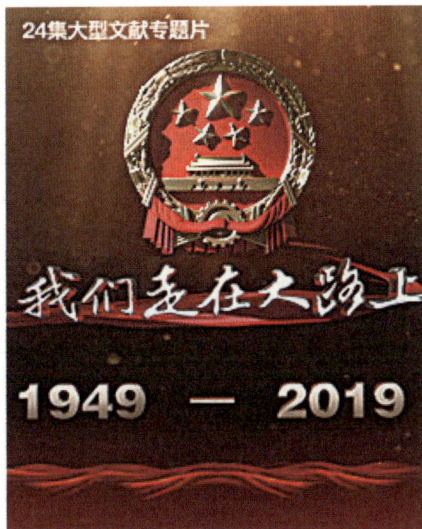

24 集大型文献专题片《我们走在大路上》全景式展现新中国风雨兼程、砥砺前行的伟大历程

程自 2004 年实施以来累计立项 260 个重大课题，为服务党和国家工作大局、加快构建中国特色哲学社会科学作出了重要贡献。理论宣传方面，组织编写"理论热点面对面"，组织制播《复兴之路》《筑梦路上》《不忘初心　继续前进》《不朽的马克思》等系列专题片、纪录片和电视对话节目，包括昨天开播的大型文献专题片《我们走在大路上》，面向基层开展宣讲活动，建设"学习强国"学习平台，用通俗易懂的内容、喜闻乐见的形式让党的创新理论"飞入寻常百姓家"。

第二，70 年来我们坚持凝心聚力，坚持团结稳定鼓劲、正面宣传为主，唱响主旋律、传播正能量，为实现民族复兴中国梦营造了良好舆论氛围。

主流思想舆论巩固壮大。围绕党代会及中央全会、全国两会等重要会

议，围绕国庆、建党、建军、改革开放等重大节庆和纪念活动，组织一系列主题宣传采访和群众性教育活动，全面系统宣传党中央大政方针政策和治国理政新理念新思想新战略，生动展现党和国家事业发展的光辉历程、伟大成就和宝贵经验。比如，今年组织的"壮丽 70 年·奋斗新时代——记者再走长征路"主题采访活动，先后有 1300 余名记者深入长征沿途各地采访，推出 1 万余篇鲜活报道，网上总阅读量近 20 亿次；去年举办的庆祝改革开放 40 周年大型展览，现场参观累计达 423 万人次，网上展馆浏览量超过 4 亿次。舆论引导及时有效。围绕人民群众的切身利益问题，聚焦教育、就业、住房、医疗、环保、食品安全等方面的社会热点，主动设置议题话题，及时回应舆论关切，确保了社会稳定、人心安定。舆论斗争旗帜鲜明。围绕事关我国主权、安全、发展利益的重大问题，有理有利有节开展舆论斗争。比如针对中美经贸摩擦问题，我们发布白皮书，推出"钟轩理""钟声""国际锐评"等言论评论，组织有关部门和智库专家及时发声，牢牢占据道义制高点；针对香港修例风波，我们举行新闻发布会、吹风会，组织媒体和专家学者积极发声，以强大舆论声势有力回击谣言谬论。用网治网水平不断提升。自 1994 年中国全功能接入国际互联网，到如今网民规模达到 8.54 亿人，25 年间中国互联网发展浪潮迭起，信息传播从"铅与火""光与电"走到了"数与网"。我们应势而动、顺势而为，努力在建、管、用上下功夫，大力推进传统媒体和新兴媒体融合发展，加强网络内容建设，加快建立网络综合治理体系，主流价值影响力版图不断扩大。

第三，70 年来我们坚持成风化人，持续加强社会主义精神文明建设，弘扬时代新风、培养时代新人，人民思想道德素质和社会文明程度得到显著提升。

　　在理想信念培育上，深化中国特色社会主义和中国梦宣传教育，加强爱国主义、集体主义、社会主义教育，大力传承红色基因，引导人们用实际行动筑牢中华民族的精神大厦。比如，我们推动颁布《英雄烈士保护法》，在抗战胜利纪念日、烈士纪念日、南京大屠杀死难者国家公祭日等举行隆重庄严的纪念活动，使铭记历史、缅怀先烈成为全社会的共同自觉。在价值理念塑造上，大力培育和践行社会主义核心价值观，通过教育引导、舆论宣传、文化熏陶、实践养成、法治保障，使之融入社会发展各方面。比如，我们举办"核心价值观百场讲坛"，推出"图说我们的价值观"公益广告，开展勤劳节俭、孝老爱亲、诚信建设万里行、我们的节日等主题活动，让核心价值观日益转化为人们的情感认同和行为习惯。在道德观念引导上，实施公民道德建设工程，突出加强未成年人思想道德建设和大学生思想政治教育，开展新时代文明实践中心建设试点，评选宣传时代楷模、道德模范、最美人物、身边好人，在全社会广为弘扬美德新风。

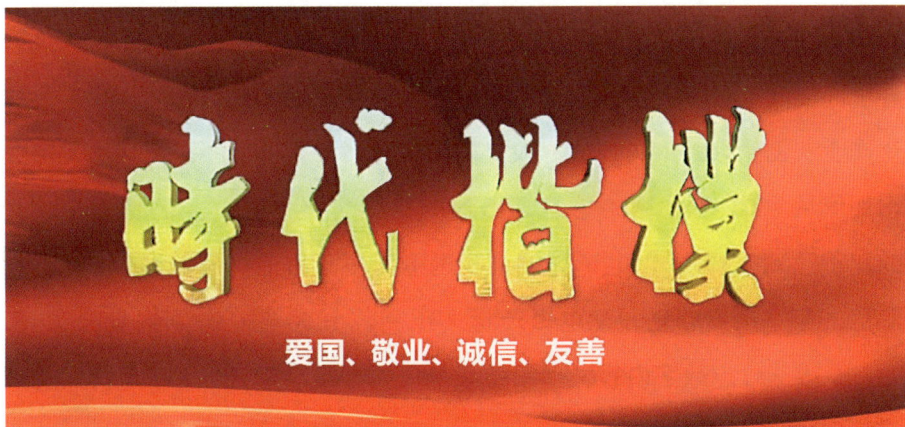

时代楷模

爱国、敬业、诚信、友善

■ "时代楷模"是由中宣部集中组织宣传的全国重大先进典型，充分体现"爱国、敬业、诚信、友善"的价值准则，充分体现中华传统美德，是具有很强先进性、代表性、时代性和典型性的先进人物

这些年，文明创建硕果累累，产生出 175 个全国文明城市、4717 个全国文明村镇、6979 个全国文明单位等；志愿服务蔚然成风，实名注册志愿者超过 1.1 亿人；道德星空群星璀璨，从王进喜、雷锋、焦裕禄、孔繁森，到南仁东、黄大年、王继才、张富清，还有最近宣传的黄文秀、杜富国等，一大批感人至深、催人奋进的先进典型教育影响了一代又一代人。

第四，70 年来我们坚持以文铸魂，激发全民族文化创新创造活力，以文化的自信建设自信的文化，加快推进了社会主义文化大发展大繁荣。

创作生产百花竞放，精品力作不断涌现。比如，大家耳熟能详的小说《创业史》《平凡的世界》、戏剧《茶馆》《红旗渠》、电视剧《渴望》《亮剑》、电影《英雄儿女》《战狼Ⅱ》、歌曲《我和我的祖国》《春天的故事》等，数不胜数。文化事业活力激增，人民群众的文化获得感幸福感显著增强。1953—1957 年这五年全国文化事业费总投入不到 5 亿元，而 2018 年一年投入就达 928 亿元。以"三馆"为例，1949 年全国仅有公共图书馆 55 个、文化馆 896 个、博物馆 21 个，而现在有公共图书馆 3176 个、文化馆 44464 个、博物馆 5354 个，分别是 1949 年的 58 倍、50 倍、255 倍，并全部实现免费开放，公共文化服务朝着标准化均等化目标稳步迈进。文化产业从无到有、由弱到强，人民群众文化消费质量不断提高。文化产业增加值从 2004 年的 3400 多亿元增加到 2018 年的 38000 多亿元，占 GDP 的比重达到 4.3%。以电影为例，我国电影银幕目前拥有 6.5 万块，电影票房去年突破 600 亿元，电影产量去年突破 1000 部，分别居世界第一、第二、第三位。数字内容、动漫游戏、视频直播等新业态，正成为文化产业高质量发展的新动能。

第五，70 年来我们坚持融通中外，积极讲好中国故事、传播好中国声音，展现真实、立体、全面的中国，国家文化软实力和中华文化影响力大幅提升。

在"落后挨打""贫穷挨饿"的问题解决后，我们下大气力解决在国际上"失语挨骂"的问题，积极讲好中国共产党治国理政的故事、中国人民奋斗圆梦的故事、中国坚持和平发展合作共赢的故事，加强文明交流互鉴，推动中华文化走出去，让世界更好地读懂中国。习近平总书记的思想风范赢得国际社会高度赞誉。《习近平谈治国理政》出版发行以来，受到海内外高度关注和空前热议，成为具有里程碑意义的"现象级"著作，第一卷已翻译出版 28 个语种、32 个版本，第二卷已翻译出版 10 个语种、12 个版本。国际传播能力建设取得突破性进展。外宣媒体海外分支机构有 370 多个，新华社在 141 个国家开设 182 个驻外分社，中央电视台在 160 个国家和地区实现整频道落地，人民日报英文脸谱账号粉丝数达 4550

第 26 届北京国际图书博览会上举行《习近平讲故事》多语种版新书首发仪式

万，中国国际电视台英语新闻频道脸谱账号粉丝数超过 6000 万。对外文化交流和贸易持续扩大。2018 年我国文化产品进出口总额超过 1000 亿美元，"欢乐春节""感知中国"等文化交流活动在 140 多个国家和地区产生广泛影响，孔子学院和孔子课堂遍布全球。全世界越来越多的人热爱中国文化、喜欢中国作品，《习近平讲故事》《媳妇的美好时代》等一大批优秀图书、影视剧走红海外。

回望新中国 70 年壮丽征程，宣传思想文化工作始终坚持围绕中心、服务大局，始终与时代同呼吸、与人民心连心，走出了坚实步伐，唱响了昂扬旋律。展望中华民族伟大复兴光明前景，新时代宣传思想文化工作正在守正创新中担当使命任务，努力为党和国家事业作出新的更大贡献。

演讲视频二维码

许又声

中央统战部副部长、国务院侨务办公室主任

新中国成立 70 周年统一
战线发展的新成就

许又声

各位朋友大家好：很高兴和大家交流统一战线工作。

关于统一战线，大家耳熟能详的就是毛泽东同志强调的：统一战线，武装斗争，党的建设，是中国共产党在中国革命中战胜敌人的三大法宝。

我们讲的统一战线，是由中国共产党领导的，团结各党派、各团体、各民族、各阶层、各界人士的政治联盟。统一战线之所以是法宝，是因为它体现了中国共产党凝聚人心、汇聚力量的政治优势，为我们党攻坚克难、夺取胜利发

挥了重要作用。

新民主主义时期，我们党根据不同阶段的历史任务先后建立了民主联合战线、抗日民族统一战线、人民民主统一战线，其目的就是"把我们的人搞得多多的，把敌人搞得少少的"，最终夺取了中国人民抗日战争的伟大胜利、实现了新民主主义革命的伟大胜利，建立了新中国，为中国共产党领导的统一战线书写了光辉篇章。

新中国成立初期，国家百废待兴。我们党进一步巩固壮大人民民主统一战线，广泛团结凝聚各党派、各团体、各民族、各阶层和各界人士，保证了反封建的土地改革和各项民主改革胜利完成，实现了国家对农业、手工业和资本主义工商业的社会主义改造，孕育了多党合作制度和民族区域自治制度，巩固了新生的人民政权，确立了社会主义制度。统一战线为社会主义革命和建设事业作出了历史性贡献。

改革开放新时期，适应党的工作重心的转移，我们党将新时期统一战线明确为"爱国统一战线"，突出了爱国主义性质和大团结大联合的鲜明主题。在党的领导下，爱国统一战线逐步发展成为中国共产党领导的、以工农联盟为基础的，包括全体社会主义劳动者、社会主义事业建设者、拥护社会主义爱国者、拥护祖国统一和致力于中华民族伟大复兴爱国者的联盟，为推进改革开放和社会主义现代化建设、维护国家统一提供了强大的力量支持。

中国特色社会主义进入新时代，以习近平同志为核心的党中央高度重视统一战线，召开一系列重要会议，出台一系列重要文件，特别是制定颁布《中国共产党统一战线工作条例（试行）》，标志着统一战线工作进入了制度化规范化科学化新阶段。在党的领导下，统一战线在党和国家全局中的地位作用更加突出，已经成为增强党的阶级基础、扩大党的群众基础、巩固党的执政地位的重要法宝，成为全面建成小康社会、加快推进社会主义现代化、实现中华民族伟大复兴中国梦的重要法宝。主要体现在以下五个方面：

第一，多党合作事业蓬勃发展。中国共产党领导的多党合作和政治协商制度作为我国一项基本政治制度，是中国共产党、中国人民和各民主党派、无党派人士的伟大政治创造，是从中国土壤中生长出来的新型政党制度。这一制度能够真实、广泛、持久代表和实现最广大人民根本利益，能够通过制度化、规范化安排集中各种意见和建议，推动决策科学化民主化，能够把各个政党和各党派人士紧密团结起来，为实现共同目标而奋斗。据统计，中共十八大至 2019 年 6 月，中共中央、国务院召开或委托有关部门召开民主协商会、座谈会、情况通报会共 146 次，其中习近平总书记主持召开 27 次。各民主党派中央向中共中央、国务院报送书面意见建议共 647 件，其中 527 件得到中央领导同志重要批示，充分体现了社会主义协商民主"有事好商量"的特色和优势。

第二，社会各阶层活力更加彰显。人心向背、力量对比是决定党和人民事业成败的关键，统一战线就是将全体中华儿女万众一心、团结奋斗迸发出来的磅礴力量汇聚成实现中华民族伟大复兴的强大动力。我们党推动构建亲清新型政商关系，鼓励支持非公有制经济人士弘扬企业家精神，投身实体经济，助力脱贫攻坚，不断促进非公有制经济健康发展和非公有制经济人士健康成长；加强党外知识分子和新的社会阶层人士的思想政治引领，坚持政治上充分信任、工作上创造条件、生活上关心照顾，支持他们投身创新创业、积极服务社会，一批优秀的党外知识分子在各自领域创造出了引领世界潮流的科技成果。

第三，中华民族共同体意识不断增强。民族问题关乎国家长治久安和中华民族繁荣昌盛。我们党始终坚持中国特色解决民族问题的正确道路，坚持和完善民族区域自治制度，促进各民族交往交流交融，加快民族地区脱贫攻坚步伐，让各族群众像石榴籽一样紧紧抱在一起。围绕铸牢中华民族共同体意识，积极开展民族团结进步创建活动，平等团结互助和谐的社会主义民族关系日益巩固，"中华民族一家亲，同心共筑中国梦"已成为各族人民的共同价值追求。统筹加强依法治理民族事务，推进少数民族人才队伍建设，贯彻落实党中央治藏治疆方略，深入开展反分裂斗争，有力维护了祖国统一、民族团结和社会稳定。

第四，宗教与社会主义社会更加适应。全面贯彻党的宗教工作基本方针，以"导"的态度对待宗教，坚持我国宗教信仰自由政策和中国化方向，提高宗教工作法治化水平。用社会主义核心价值观引领、用中华文化浸润我国各宗教，支持宗教界对教义教规作出符合我国国情和时代进步要求的阐释。修订并颁布《宗教事务条例》，按照"保护合法、制止非法、遏制极端、抵御渗透、打击犯罪"的原则，着力解决宗教领域存在的突出问题，确保各种宗教活动在我国宪法和法律范围内有序开展，引导宗教与我国社会主义社会相适应。

第五，凝聚海内外中华儿女共圆中国梦。我们党始终坚持"一国两制"、"港人治港"、"澳人治澳"、高度自治的方针，加强内地同香港、澳门在经贸、科教、文化、卫生、体育等领域的交流合作，深化内地与港澳民众的交流交往，增强广大香港同胞、澳门同胞的国家观念和民族意识。始终坚持一个中国原则，坚持"九二共识"政治基础，坚决反对"台独"，努力推动两岸经济文化交流，深化两岸融合发展，增进两岸同胞的心灵契合。始终坚持以凝聚侨心侨力同圆共享中国梦为主题，努力凝聚侨心、汇

▍"我的民俗相册——两岸青年走进陕西"活动

聚侨智、发挥侨力、维护侨益，为加快我国社会主义现代化强国建设、完成祖国统一大业、推动中外人文交流和友好合作、构建人类命运共同体作出了重要贡献。

演讲视频二维码

王洪祥

中央政法委副秘书长

政法工作 70 年历史性成就

王洪祥

　　各位观众、各位网友，大家好！在新中国成立 70 周年之际举办这个论坛，展示党和国家各项事业取得的光辉成就，非常有意义。首先，感谢社会各界和广大网友长期以来对政法工作的关心支持！

　　政法工作是党和国家工作的重要组成部分。新中国成立以来，政法事业始终与党和国家建设、改革事业同步，取得了显著成绩，为巩固新中国政权、捍卫社会主义制度、维护人民群众利益、护航改革发展作出了重要贡献。特别是党的十八大以来，在以习近平同志为核心的党中央坚强领导下，政法事业发生历史性变革、取得历史性成就，为维护国家政治安全、确保社会大局稳定、促进社会公平正义、保障人民安居乐业作出了突出贡献。国内外舆论普遍认为，经济持续高速发展、社会大局持续稳定是中国向世界展示的两大奇迹。下面我从五个方面与广大观众和网友共同分享政法工作取得的历史性成就。

一、坚持以人民为中心，全力维护人民群众生命财产安全。安全是人民群众的基本需要，是最大的民生，是必不可少的公共服务产品。新中国成立以来，政法机关坚定履行打击犯罪、保护人民的神圣职责，依法严惩各类严重刑事犯罪，保护人民群众生命财产安全。党的十八大以来，政法机关深化治爆缉枪、禁毒扫黄、打击电信网络诈骗等专项行动，刑事犯罪高发势头得到有效遏制。近年来，我国每 10 万人中发生杀人案件始终低于 1，是世界上杀人案件发案率最低的国家之一。特别是 2018 年 1 月党中央、国务院决定在全国开展为期三年的扫黑除恶专项斗争以来，各地各有关部门以"零容忍"态度重拳出击，坚持扫黑除恶与"打财断血""打伞破网"并举，坚持依法严惩与专项整治并重，坚持铲除黑恶势力与加强基层基础并行，持续掀起强大攻势，取得重大阶段性战果。截至 2019 年 8 月底，全国共打掉涉黑组织 2275 个、涉恶犯罪集团 8047 个、涉恶犯罪团伙 2.9 万余个，破获刑事案件 27.2 万余件，黑恶势力嚣张气焰得到沉重打击，社会治安环境明显改善，推动党风政风和社会风气明显好转，人民群众安全感和满意度明显增强。

二、坚持推进社会治理现代化，努力让社会更和谐、百姓更舒心。70 年来，党和政府着眼于社会和谐安宁、人民安居乐业，积极探索中国特色社会主义社会治理之路，经历了从"社会管控"到"社会管理"再到"社会治理"的历史性跨越，推动社会治理不断迈向新水平。诞生于浙江的"枫桥经验"，坚持以人民为中心、践行党的群众路线，就地化解矛盾纠纷，实现"小事不出村，大事不出镇，矛盾不上交"，成为全国政法战线的一面旗帜。党的十八大以来，我们认真学习贯彻习近平总书记关于社会治理现代化的重要指示精神，弘扬新时代"枫桥经验"，坚持系统治理、依法治理、综合治理、源头治理，构建多元化矛盾纠纷化解体系；坚持把

枫桥镇调解志愿者协会

市域社会治理现代化作为切入点和突破口，充分发挥政治、法治、德治、自治、智治"五治"作用，不断提高市域社会治理能力水平，有效破解一系列社会治理难题，努力开创平安中国建设新局面。

三、坚持严格执法公正司法，努力让人民群众在每一个案件中感受到公平正义。公平正义是执法司法工作的生命线和永恒的价值追求。新中国成立以来，政法机关清除旧中国"八字衙门朝南开，有理无钱莫进来"的积弊，坚持人民司法为人民，让广大人民群众通过执法司法活动感受到法律的公正和社会的正义。特别是党的十八大以来，全国政法机关大力推进执法司法规范化建设，开展违法违规减刑假释暂予监外执行、久押不决等专项治理，切实解决人民群众反映强烈的执法司法突出问题。深化审务、检务、警务、狱务公开，借助互联网新技术全面实行执法全流程记录、庭审网上直播等制度，把司法和执法活动"晒"在阳光下，让公平正义以老百姓看得见的方式得以实现。大力加强人权司法保障，废止实行 50 多年的劳动教养制度，依法纠正张氏叔侄案、呼格吉勒图案、聂树斌案等一批重大错案，让广大人民群众切实感受到实事求是、有错必纠的决心和诚意。大力推动解决执行难问题，完善社会征信体系，建立实施失信被执行人名单制度，清理解决一大批执行积案，有效保障了人民群众合法权益。制定实施领导干部干预司法活动、插手具体案件以及司法机关内部人员过问案件记录和问责规定，规范司法人员与当事人、律师、特殊关系人、中介组织接触交往行为，为公正司法筑起"隔离带""防火墙"，给执法司法权扎上制度的笼子。

公平正义是执法司法工作的生命线

四、坚持以群众需求为导向，为满足人民日益增长的美好生活需要提供法律服务。70 年来，时代在变，但政法机关全心全意为人民服务的根本宗旨从来没有变，从贴近群众的"马锡五审判方式"，到电影《今天我休息》中展现的人民警察"马天民式服务"，"严格执法、热情服务"的优良传统一直在政法队伍中代代传承。进入新时代，政法机关不断深化服务群众的"供给侧"改革，切实让人民群众得实惠、享便利。公安机关大力推进"放管服"改革，在治安、户籍、交通、出入境等领域推出数十项删繁就简、便民利民改革措施，使群众办事更方便、更快捷、更暖心。比如，今年 6 月 1 日，公安部推出小型汽车驾驶证全国"一证通考"等 10 项便民利民举措，实施半个月，就惠及 300 多万人次，为群众节省交通费等上亿元。法院、检察院完善诉讼服务、检察服务，构建网络化、智能化司法服务体系，进一步解决群众打官司难、打官司累的问题。比如，最高人民法院开展跨域立案诉讼服务试点，当事人可就近选择一家法院或法庭来办理异地立案、审判、执行等事务，让立案像到银行"通存通兑"一样方便。司法行政机关建成覆盖城乡、门类齐全的公共法律服务体系，完善法律援助制度，为普通群众提供精准、便捷、普惠的法律服务，让困难群众打得起官司、打得赢官司。

五、坚持政法领域全面深化改革，不断完善中国特色社会主义司法制度。改革开放是决定当代中国命运的关键一招。党的十一届三中全会以来，伴随着经济、政治、文化、社会等领域的历史性变革，政法领域改革也取得了历史性成就，建立起中国特色的政法机构体系和司法制度体系。特别是党的十八大以来，全国政法机关坚持不懈推进政法领域全面深化改革，统筹推进政法机构改革、司法责任制改革、司法体制综合配套改革和政法各单位改革，做成了想了很多年、讲了很多年，但没有做成的改革，取得阶段性明显成效：政法机构改革任务全面完成，《中国共产党政法工作条例》颁布实施，党领导新时代政法工作的总体格局和运行体系已经形成，政法职能体系不断优化，政法工作体制机制不断完善，执法司法监督制度不断健全，执法司法质量、效率和公信力不断提高；跨军地改革有序高效完成，六项改革任务按计划如期落实，部门职能有效衔接，现役官兵和非现役人员实现顺利转隶移交。全面推开司法责任制改革，有序推进以审判为中心的刑事诉讼制度改革，建立检察机关提起公益诉讼制度，设立知识产权法院、最高法院巡回法庭、跨行政区划法院检察院，实行立案登记制，深化公安改革、国家安全机关改革和司法行政制度特别是律师制度改革。通过不懈努力，党中央确定的 131 项改革任务大多数已经如期完成，中国特色社会主义司法制度不断完善，为实现公正司法、维护社会公平正义提供了可靠的制度保障。

各位观众、各位网友，新时代意味着新起点，新时代呼唤着新作为。让我们在以习近平同志为核心的党中央坚强领导下，坚持以习近平新时代中国特色社会主义思想为指导，不忘初心、牢记使命，开拓创新、埋头苦干，更好地履行党和人民赋予的职责使命，以优异成绩迎接新中国成立 70 周年！

谢谢大家！

演讲视频二维码

互动问答

主持人：我们先看第一个问题，请看大屏幕："我是一名乡里的干部，请问组织上在激励广大干部担当作为方面，采取了哪些新的举措？各地在实践中有哪些好做法？"这是一位基层干部的提问，他对干部的正向激励工作新措施很关心。那么，请中央组织部的李部长来回答。

李小新：

党的十八大以来，习近平总书记多次强调，要坚持严管和厚爱结合、激励和约束并重，充分调动广大干部干事创业的积极性。去年，党中央印发《关于进一步激励广大干部新时代新担当新作为的意见》；近期，中央组织部在全面调研的基础上，又研究制定印发《关于进一步激励干部担当作为有关具体措施的通知》，有针对性地提出 9 个方面的具体措施。涉及关心关爱乡镇干部的举措有许多，文件提出要提高乡镇工作补贴标准，确保乡镇机关工作人员收入高于县直机关同职级人员 20% 以上。对在乡镇机关工作的事业编制干部，根据实际情况参照乡镇公务员标准发放交通补贴。在为担当者担当方面，要求要精准科学实施函询、谈话和问责，对信访举报反映的问题以及问题线索中干部所犯错误的性质、程度，要求一定要实事求是、客观公正地进行分析，深入了解事情原委，再确定是不是进行函询、谈话或者进一步深入问责。我们还提出要正确对待被问责和受处分的干部，对被问责处分影响期满的干部，要求一定要区分不同情况正确对待，该使用的应当及时合理使用，表现突出的可以提拔或者进一步使用。这些措施，需要在下一步工作中认真抓好贯彻落实。

从我们掌握的情况看，目前，各地各单位在激励干部担当作为方面，有许多好的做法。有的地方和单位就加强干部正向激励、调动干部干事创业积极性出台具体政策措施；有的地方和单位帮助受到问责处理的干部改进提高，在其影响期满后深入甄别问题性质和问责后的表现，及时合理使用；有的地方和单位大力宣传表彰和提拔重用担当作为的先进典型，同时为受到不实反映或恶意诬告的干部澄清正名。这些措施反响很好。我们相信，通过多措并举、精准施策，干部干事创业精气神必将进一步提振。

主持人：通过李部长的介绍，我们看到了中央和各地多措并举，让想干事者有机会，也让能干事者有舞台。可以说，建功立业，正当其时！接下来，继续来看大屏幕："部长您好，我是一名学生，喜欢逛各种书店。前不久，我去了一趟北京国际图书博览会，会展很棒，规模也很大，很多新版图书都能找到。我想请问下部长，近几年我国图书出版业有哪些新的发展亮点吗？"

梁言顺：

谢谢这位爱看书的网友提问，感谢你对出版业的关注。70年来，中国出版行业总体发展势头强劲、整体实力大大增强，呈现出繁花锦簇、欣欣向荣的良好局面，主要有这么几个特点：一是整体规模持续壮大。自 2003 年文化体制改革开展以来，全国528 家出版社、637 家电子音像出版社完成了转企改制，在境内上市的出版传媒企业达 38 家，目前有 21 家出版传媒集团资产总额超过百亿元。据统计，2018 年，全国出版图书近 52 万种，总印数近 83 亿册，与 1949 年新中国成立初期相比分别增长了 64倍、78 倍，从"买书难"到"选书难"，反映的不仅仅是图书量的增长，更是优质精神食粮的极大丰富。二是数字出版方兴未艾。党的十八大以来，出版单位积极推动传统出版与新兴出版融合发展，一批数字阅读平台企业迅速成长起来，推动听书、电子书、知识付费、在线课程等新业态蓬勃发展。2018 年，全国数字出版产业年收入达到 8331 亿元，成为出版业高质量发展的重要引擎、数字经济发展的重要板块。三是"走出去"步伐加快。到 2018 年，我国出版物累计出口 1479 万册、金额 5935 万美元，出口量、出口额比 1997 年有完整统计以来，分别增长了 196%、382%。版权贸易规模不断扩大，2018 年中国出版物版权输出12778 种，引进 16829 种，版权引进输出比缩小到 1：1.3。经典中国国际出版工程、丝路书香工程资助 5500 多种优秀图书翻译出版。去年我们参加了阿尔法的国际书展，我们作为主宾国参展，在我们主宾国展区人山人海，有不少读者是开车走了1000多公里赶过来的。一些中国文学图书在海外受到欢迎，比如小说《三体》已累计输出17个语种，外文版销量超过120万册。

主持人：感谢梁部长！时代在变化，我们的精神文化生活也越来越丰富了。互动继续，来看网友留言："部长您好，民主党派这个名字，可能我们老百姓在时政新闻报道中听的比较多，实际生活中，感觉了解不多。请您能具体介绍下民主党派是什么样的组织，发挥了什么作用吗？"这个问题很直接，可能还有一些朋友对民主党派不太熟悉。那就有请中央统战部的许部长来介绍一下。

许又声：

这个问题，涉及我们国家的一项基本政治制度，即中国共产党领导的多党合作和政治协商制度。这一制度包括中国共产党、八个民主党派以及无党派人士。中国共产党大家都很了解，八个民主党派分别是：中国国民党革命委员会（简称民革）、中国民主同盟（简称民盟）、中国民主建国会（简称民建）、中国民主促进会（简称民进）、中国农工民主党（简称农工党）、中国致公党（简称致公党）、九三学社、台湾民主自治同盟（简称台盟）。

民主党派主要成立于抗日战争和解放战争时期，其社会基础是民族资产阶级、城市小资产阶级以及同这些阶级相联系的知识分子和其他爱国人士。新中国成立以来，在长期的革命、建设和改革实践中，民主党派已成为各自所联系的一部分社会主义劳动者、社会主义事业建设者和拥护社会主义爱国者的政治联盟；民主党派接受中国共产党领导，与中国共产党长期共存、互相监督、肝胆相照、荣辱与共，是中国共产党的好参谋、好帮手、好同事，是中国特色社会主义参政党。

民主党派的基本职能是参政议政、民主监督，参加中国共产党领导的政治协商。新中国成立 70 年来特别是中共十八大以来，各民主党派紧扣党和国家中心工作，积极履行职能，发挥作用。在参政议政方面，各民主党派聚焦"深入推进'一带一路'建设""推动实施乡村振兴战略""创新驱动引领高质量发展""优化营商环境激发微观主体活力"等重大问题深入调研、建言献策，为中共科学决策、民主决策提供了重要参考。在民主监督方面，各民主党派在坚持四项基本原则的基础上，对中国共产党重大决策和重要事务，通过提出批评、意见、建议的方式开展民主监督，发挥了积极作用。特别是 2016 年以来，受中共中央委托，8 个民主党派中央分别对口 8 个全国贫困人口多、贫困发生率高的中西部省区，开展脱贫攻坚民主监督工作。3 年多来，各民主党派中央深入 8 省区 1200 余个乡村，开展座谈、协商、沟通 400 余场次，涉及 240 多个县，提出意见建议近 1500 条，极大推动了这些地方脱贫攻坚工作的进展。在政党协商方面，各民主党派就党和国家重大方针政策同中国共产党真诚协商建言，包括就中共十九大报告、"十三五"规划、党和国家机构改革、宪法部分内容修改等重大问题同中国共产党开展协商、提出意见，很多意见建议得到采纳，为促进中国共产党科学执政、民主执政发挥了重大作用。

主持人：感谢许部长的介绍，让我们对"中国共产党的好参谋、好帮手、好同事"有了正确的认识。接下来继续来看大屏幕，还有什么样的问题："扫黑除恶专项斗争声势大、力度大、效果好，群众普遍反映'打得好、还要打、持续打'。我注意到全国扫黑办设在中央政法委，想请您介绍一下扫黑除恶的成效，同时还想问问'内幕'消息，下一步专项斗争如何深入推进？"我和这位网友一样，对这个问题也很关心，那就有请中央政法委的王秘书长帮我们解答一下。

王洪祥：

谢谢这位网友的提问，我在这里把广大网友关心的问题一并回答。去年以来，在党中央坚强领导下，扫黑除恶专项斗争强势推进、成效显著。一是依法查处了一批群众深恶痛绝的黑恶势力，仅设在中央政法委的全国扫黑办就挂牌督办了云南"孙小果案"、湖南"操场埋尸案"等47件重大恶性案件，沉重打击了黑恶势力的嚣张气焰，社会治安环境明显改善。二是部署开展了中央扫黑除恶三轮督导，派出 21 个由正省部级干部任组长的中央督导组，实现了对 31 个省区市和新疆生产建设兵团中央督导的全覆盖。三是挖出一大批黑恶势力"关系网""保护伞"，整顿一大批软弱涣散村党组织，推动优化了基层政治生态和社会生态。四是制定出台了一系列司法解释和指导意见，确保了专项斗争始终在法治轨道上推进。

接下来，我们将深入贯彻党中央决策部署，紧紧围绕三年为期目标，进一步在稳、准、狠上下功夫。一是突出"稳"字。召开专门推进会，总结前一阶段的成效和经验，谋划部署下一阶段工作，完善策略方法，研究制定深入推进专项斗争的方案，确保每项工作稳扎稳打，既防止"一刀切"，也防止迁就照顾；既激励先进，又鞭策后进。二是突出"准"字。要用足用好、用对用准法律政策，确保打击有力、惩治有效，确保定性有据、宽严有度，是黑恶犯罪一个都不放过，不是黑恶犯罪一个都不拔高凑数，既依法严惩黑恶势力，又依法维护公民合法权益。三是突出"狠"字。始终保持对黑恶势力穷追猛打，将深挖彻查"保护伞"作为主攻重点，坚持"打财断血"与扫黑打"伞"同步，始终保持高压态势。同时，我们要推动源头治理，加强制度建设，健全长效机制，推动实现整个社会天朗气清、和谐安宁。

主持人：感谢王秘书长的介绍，我们有理由相信，专项斗争必将以更大战果回应群众期待，进一步增强人民群众获得感、幸福感和安全感。接下来请看："今年中央在全党开展了'不忘初心、牢记使命'主题教育。请问这次主题教育目前取得了哪些成效，会为我们普通老百姓带来哪些实惠？"这位网友提到了正在全国如火如荼开展的主题教育活动，我们请李部长回应网友的关切。

李小新：

谢谢网友提的这个问题。开展"不忘初心、牢记使命"主题教育，中央组织部在党中央的坚强领导下，是具体的组织者，同时，我们也刚刚参加了第一批主题教育，对网友提的这个问题我也很有感触。开展"不忘初心、牢记使命"主题教育，是党的十九大作出的重大部署，习近平总书记亲自领导推动，多次作出重要指示批示，为主题教育扎实推进提供了根本遵循。目前，第一批主题教育基本结束，第二批主题教育正式启动，第一批主题教育取得重要阶段性成果。这里我从五个方面简要概括一下这个成果：一是党员干部学习贯彻习近平新时代中国特色社会主义思想取得新成效，科学理论在党员干部的内心深处铸魂、扎根，提高了真信笃行、知行合一的意识和能力。二是党员干部的思想政治和党性作风受到深刻洗礼和锤炼，在增强"四个意识"、坚定"四个自信"、做到"两个维护"上认识更加深刻，行动也更加自觉。三是党员干部强化宗旨意识和以人民为中心的发展思想，群众最关心最直接最现实的利益问题得到更好解决。四是把开展主题教育同贯彻落实习近平总书记重要指示批示精神和党中央部署结合起来，改革发展稳定各项工作得到有力推进。五是党员干部在落实党的十九大精神和党中央重大决策部署中积极担当作为，干事创业的精气神进一步提振。

对于网友刚才问到的老百姓得实惠的问题，这次主题教育的一项重要目标就是"为民服务解难题"。各地各部门各单位围绕这一目标采取了很多措施，各级领导干部深入下去开展调查研究，了解实情，摸清群众的操心事、烦心事。在全面调研的基础上，扎实开展 8 个方面突出问题专项整治。其中，整治对党中央决策部署阳奉阴违的问题；整治干部干事创业精气神不够、患得患失、不担当不作为的问题；整治违反中央八项规定精神问题；整治漠视侵害群众利益问题等，这些都是群众反映强烈的突出问题。从我们了解掌握的情况看，这些整治已经取得成效。我们相信通过主题教育的深入开展，通过这些措施，老百姓得到的实惠一定会越来越多。

主持人：感谢李部长的回答。期待各地各部门在开展主题教育过程中，继续出台实招硬招，"为民服务解难题"。我们再来听听，网友还有什么问题："部长好，我是一名预备党员。大家一般会认为理论学习很枯燥，但是我在学习《习近平新时代中国特色社会主义思想学习纲要》时发现，里面的很多道理讲得浅显易懂，一下子就能看进去。请问部长，怎样让人们喜欢学理论、学得懂理论？"

梁言顺：

谢谢，这个问题非常好，非常重要，也是中宣部重点抓的一项工作。我们党十分重视思想建党、理论强党，从延安整风到当前的"不忘初心、牢记使命"主题教育，都是以理论学习教育打头的。我们也一贯注重创新方式加强理论宣传普及，特别是党的十八大以来，围绕学习宣传贯彻习近平新时代中国特色社会主义思想这一首要政治任务，着力求变、求新，努力让党的创新理论从"入眼入耳"到"入脑入心"，"飞入寻常百姓家"。

有这么几点：一是内容建设分众化。满足多样化、多层次学习需求，开发权威读本、通俗读物、专题片、微电影、动漫、语音等多种形态的理论宣传品。像《习近平谈治国理政》《习近平新时代中国特色社会主义思想学习纲要》和《三十讲》，已经成为广大党员干部群众必读的"案头书"，《学习纲要》短短3个月的时间发行量就已经达到6000多万册，受到热烈欢迎。从2003年开始，我们还坚持连续17年组织编写"理论热点面对面"通俗理论读物，一年一本围绕一个主题析事明理，像《全面从严治党面对面》《新时代面对面》以及今年的《新中国发展面对面》等，一经问世，都受到读者欢迎。这里边我还想举一个例子，最近有些电视片，一些理论宣传电视片受到受众的热捧，比如上海东方电视台创作、由张维为教授主创的《这就是中国》电视片现在一直在播，网上网下热烈欢迎，中央领导给予充分肯定。第二个特点是话语表达通俗化。通过讲故事、举例子、摆数据等方式，用大白话讲清大道理。我们在 12 个省（市）和 50 个县（市、区）先行开展了新时代文明实践中心建设试点，各地注重培养了一批理论"土专家"，使理论宣传嵌入文化服务和群众性文化活动中，收到了春风化雨、润物无声的效果。这里我再举一个例子，我到江苏了解到，江苏南通市有一个基层的理论宣讲员，广受基层百姓的欢迎，他有一个外号，因为他姓姚，外号叫"姚理论"。所以最近中宣部理论局正在做一项工作，就是在全国评选出一批上接天线、下接地气的"理论名嘴"，这个工作正在做，也欢迎广大观众积极给我们提供线索。第三个特点是载体传播移动化。运用新平台新技术，把理论宣传从"线下"搬到"线上"，在服务群众中引导群众。今年 1 月 1 日正式与大家见面的"学习强国"学习平台，9 个多月来用户总数达到 1.3 亿，成为干部群众网上的理论学习教育宝库、精神文化生活家园。我们还推动各地建设县级融媒体中心，着眼打通宣传思想文化工作"最后一公里"，把党的声音传得更开、更广、更深入。不知道我的回答网友满不满意。

主持人：非常满意，感谢梁部长的分享。我们相信，这样吸引人的形式、动人心的语言，会继续让党的创新理论有效地走进基层、走进群众。互动继续，网友还关心什么呢："我国是个多民族国家，有 55 个少数民族，每个民族都有它自己的习俗、语言、文化等，我想知道国家怎么保护这些不同少数民族的文化？"

许又声：

在中国几千年的历史发展进程中，各民族都创造了光辉灿烂的文化，成为中华文化的重要组成部分。党和政府高度重视少数民族优秀传统文化保护，不断丰富中华民族共有精神家园。大家知道在 55 个少数民族中有 53 个民族有本民族语言，22 个民族共使用 28 种本民族文字，我们尊重少数民族使用本民族语言文字的权利，保障少数民族语言文字在行政司法、新闻出版、广播影视、文化教育等各领域的合法使用，并帮助少数民族抢救、挖掘、整理、翻译和出版了大批少数民族文化典籍，如中国少数民族的三大英雄史诗《格萨尔》(藏族)、《江格尔》(蒙古族) 和《玛纳斯》(柯尔克孜族)。还有，哈尼梯田、花山岩画等 14 项少数民族和民族地区历史古迹列入世界文化遗产名录，维吾尔族的木卡姆、蒙古族的长调民歌、回族的花儿等 15 项少数民族文化艺术列入世界非物质文化遗产名录，占全国总数的比例超过 1/3。另外，55 个少数民族都有文化艺术列入国家级非物质文化遗产名录。大家可能关注到，9 月 8 日至 16 日在河南郑州举行了全国少数民族传统体育运动会，这是一场展示和交流各民族优秀传统文化的盛会。这项赛事自 1953 年以来已经举办了 11 届，各代表团、各民族运动员欢聚一堂，期间除竞赛和表演项目以外，还举行民族大联欢和丰富多彩的体育文化活动，充分体现了党和国家对传承弘扬少数民族优秀文化的重视和关心。

主持人：感谢许部长的分享。少数民族的文化是中华文化的重要组成部分，保护和传承迫在眉睫，除了党和国家的重视与关心，也需要我们所有人的共同努力。接下来是最后一个问题："秘书长好，您刚才提到了'两大奇迹'，作为中国人，我和家人都深切感到平平安安是最大的福气。您认为我国社会大局持续稳定的原因是什么？"

王洪祥：

谢谢网友的提问。我国社会大局持续稳定的原因，可以概括为十几条甚至几十条，我感觉有 3 点最为关键。一是以习近平同志为核心的党中央坚强领导。党中央历来高度重视政法工作和平安中国建设，习近平总书记多次出席政法系统工作会议并发表重要讲话，多次就平安中国建设作出重要指示，举旗定向、谋篇布局，为维护国家安全和社会稳定，建设更高水平的平安中国指明了前进方向、提供了根本保证。二是 300 万政法干警的艰辛付出。政法队伍是和平年代奉献最多、牺牲最大的一支队伍，广大政法干警特别是基层的同志们长期战斗在第一线，为预防打击犯罪、服务人民群众、促进社会公平正义作出了重要贡献，付出了难以想象的辛劳，有的甚至献出宝贵生命。这里以公安机关为例，每年有 400 多名民警牺牲，4000 多名民警因公负伤。"时时有流血、天天有牺牲"是政法干警的真实写照。可以说，正因为有政法干警的赤胆忠诚、负重前行，才有百姓的岁月静好。三是人民群众的坚定支持。人民群众是维护社会稳定的主体力量和铜墙铁壁，也是社会大局持续稳定的源头活水。无论被誉为"东方一枝花"的人民调解，还是不断发扬光大的"枫桥经验"，还有遍布城乡社区、联系千家万户的治安员、网格员，都是来自人民群众的探索和创造。可以说，平安连着你我他，平安建设靠大家，持续的平安稳定需要社会各界和广大人民群众共建共治共享，紧紧依靠人民群众，共同守护平安，是我们的显著优势和鲜明特色。我就回答到这里，谢谢！

主持人：谢谢王秘书长的分享。平安，不仅是社会治安秩序的稳定，更是衣食住行、社会公正等与群众切身利益息息相关的多领域、全方位平安。感谢为了我们的岁月静好，默默负重前行的所有人！

庆祝中华人民共和国成立 70 周年

系 列 论 坛

第六场

2019 年 9 月 19 日

the Sixth Part

宁吉喆 / 郑泽光 / 李萌 / 任鸿斌

宁吉喆

国家发展改革委党组成员、副主任（正部长级），国家统计局局长、党组书记

新中国成立 70 年来
经济发展的历史性巨变

宁吉喆

各位观众、各位网友：

大家上午好。2019 年是新中国成立 70 周年。70 年来，在中国共产党的领导下，全国各族人民团结奋斗、开拓进取，夺取了社会主义革命和建设、改革开放和现代化建设的伟大胜利。特别是党的十八大以来，在以习近平同志为核心的党中央坚强领导下，全国各族人民高举中国特色社会主义伟大旗帜，统筹推进"五位一体"总体布局，协调推进"四个全面"战略布局，坚持稳中求进工作总基调，勠力同心、砥砺前行，我国经济社会发展取得新的辉煌成就。70 年来经济社会发展的巨大变化主要表现在以下六个方面。

一是综合国力显著增强，经济总量跃居世界第二。新中国诞生时，经济基础极为薄弱。1952 年国内生产总值（GDP）仅为 679 亿元，经过长期努力，1978 年 GDP 增加到 3679 亿元，居全球第 11 位。改革开放以来，

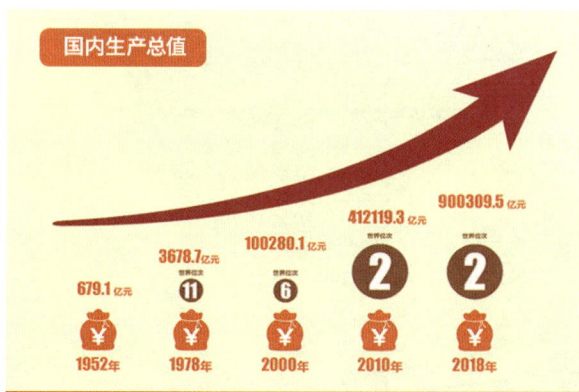

国内生产总值

679.1亿元 1952年

3678.7亿元 世界位次⑪ 1978年

100280.1亿元 世界位次⑥ 2000年

412119.3亿元 世界位次② 2010年

900309.5亿元 世界位次② 2018年

2018 年我国国内生产总值突破 90 万亿元，比 1952 年增长 174 倍

我国经济加快发展，2010 年 GDP 突破 40 万亿元，到目前已连续 9 年稳居世界第二。党的十八大以来，我国综合国力持续提升，近三年 GDP 连续跨越 70 万亿、80 万亿和 90 万亿元大关，经济总量占世界经济总量的比重接近 16%。按不变价计算，2018 年 GDP 比 1952 年增长 174 倍，实现了持续快速增长。2018 年年末，我国外汇储备余额为 30727 亿美元，连续 13 年稳居世界第一。目前，我国已成为世界上最大的货物贸易国，第二大服务贸易国，第二大使用外资国，第二大对外投资国。

二是社会生产力大幅度提升，工农业产品产量名列世界前茅。70 年来，我国经济实力不断增强，物质技术基础日益雄厚。2018 年粮食总产量达 1.32 万亿斤，比 1949 年增长 4.8 倍。谷物、肉类、花生、茶叶、水果等主要农产品产量居世界第一。汽车、手机、电视机、棉布、化肥、水泥、发电量、煤炭、钢铁等 200 多种主要工业品产量居世界第一。我国已拥有联合国产业分类中全部工业门类，成为全球工业第一大国、制造业第一大国。基础设施实现重大飞跃，2018 年年底，我国发电装机容量达 19 亿千瓦，居世界第一；铁路营业里程 13.2 万公里，其中高速铁路 3 万公里，

中国高速铁路营业里程目前位居世界第一

分别居世界第二和世界第一；公路里程 485 万公里，其中高速公路 14.3 万公里，居世界第一。

三是产业结构转型升级，城乡和区域面貌焕然一新。70 年来，我国已从传统农业国迈向现代工业国，产业结构调整优化，三次产业比例由 1952 年的 50.5∶20.8∶28.7 变化为 2018 年的 7.2∶40.7∶52.2。工业生产加快向中高端迈进，2013—2018 年，高技术制造业和装备制造业增加值年均分别增长 11.7% 和 9.5%，移动通信、现代核电等已跻身世界前列。服务业对经济社会发展的支撑效应日益突出，目前已发展成为国民经济第一大产业。城镇网络体系不断完善，1949—2018 年，全国城市数量由 132 个发展到 672 个。以人为本的新型城镇化持续推进，2018 年常住人口城镇化率、户籍人口城镇化率分别达到 59.6%、43.4%。农业基础作用不断加强，乡村振兴战略稳步实施。西部大开发、东北全面振兴、中部地区崛起、东部率先发展等总体战略协调推进，京津冀协同发展、长江经济带发展、粤港澳大湾区建设、长三角一体化等重大战略有序实施，区域发展新空间积极拓展。

四是科技事业砥砺前进，研发力量和研发投入位居国际前列。新中国成立伊始，我国科技发展十分落后。20 世纪 50—70 年代，经过艰苦努力，我们取得了"两弹一星"等重大科技成果。改革开放后，实施科教兴国战略取得明显成效。党的十八大以来，我国科技体制改革不断深化，创新驱动发展战略扎实推进，在载人航天、量子科学、深海探测、超级计算等领域取得重大成果。2018 年，我国研发人员全时当量为 419 万人年，研发人员总量连续 6 年居世界首位；全社会研究与试验发展经费（R&D）为 19657 亿元，位居世界第二；R&D 与 GDP 之比为 2.19%，超过欧盟 15 国平均水平。2018 年，全国发明专利申请量连续 8 年居世界首位，有效专利累计达 838 万件。

五是人民生活极大改善，小康社会即将全面建成。70 年来，我国人民生活从温饱不足到总体小康，正在迈向全面小康。按现价计算，我国人均 GDP 从 1952 年的 119 元，提高到 2018 年的 64644 元，已达到上中等收入国家水平。居民收入和消费不断增长，2018 年居民人均可支配收入、人均消费支出分别比 1949 年、1956 年实际增长 59.2 倍、28.5 倍，2018 年全国居民消费支出中食品支出比重已经降到 30% 以下，比 1978 年降低 35.5 个百分点。就业总量大幅增加，全国就业人员从 1952 年的 2.07 亿人扩大到 2018 年的 7.76 亿人，第二、第三产业就业人员占全部就业人员比重从 1978 年的 29.5% 上升为 2018 年的 73.9%。党的十八大以来，就业优先政策得到有效实施，全国城镇新增就业连续 6 年超过 1300 万人。教育事业成就显著，学龄儿童入学率从 1949 年的 20% 提高到 2018 年的 99.95%；劳动年龄人口平均受教育年限由 1982 年的 5.3 年提高到 2018 年的 10.6 年。文化事业繁荣发展，2018 年公共图书馆数量比 1949 年增长 56.7 倍，电视节目综合人口覆盖率达到 99.3%。医疗卫生事业深入发展，我国人均预期寿命从 1949 年的 35 岁上升为 2018 年的 77 岁，婴儿死亡率由新中国成立初期的 200‰ 下降到 2018 年的 6.1‰。体育事业蓬勃发展，70 年来，我国运动员共获得世界冠军 3458 个；目前有近 4 亿人经常参加体育锻炼。社会保障不断加强，2018 年基本医保覆盖人口超过 13 亿人，基本养老保险覆盖人口超过 9 亿人。脱贫攻坚成绩斐然，从 1978 年到 2018 年，农村贫困人口由 7.7 亿人减少为 1660 万人，贫困发生率由 97.5% 降至 1.7%。生态保护见到实效，森林覆盖率从 1976 年的 12.73% 提高为 2018 年的 22.96%。污染防治大力推进，2018 年空气质量达标城市占比较 2015 年提高 14.2 个百分点。

六是国际影响力不断扩大，对全球经济增长贡献居世界首位。新中国成立之初，我们克服外来封锁推进社会主义建设。1972 年，中国恢复在联合国的合法地位。1978 年，中国实行改革开放政策，积极融入国际社会，在国际事务中日益发挥重要作用。2001 年，中国加入世界贸易组织（WTO），以更加积极的姿态参与国际合作。党的十八大以来，中国倡议共建"一带一路"、构建人类命运共同体，到今年 8 月底"一带一路"已

得到 160 多个国家和国际组织的积极响应。目前，中国经济增长对世界经济增长的平均贡献率约为 30%，位居世界第一。

70 年来，中国始终坚持走自己的路，经历了从新民主主义向社会主义过渡、社会主义道路的艰辛探索、中国特色社会主义道路的开创和发展等阶段，开启改革开放伟大进程，实现从高度集中的计划经济体制向充满活力的社会主义市场经济体制、从封闭半封闭向全方位开放的历史转折，形成一套坚持和发展中国特色社会主义的科学理论和实践经验，从根本上改变了中国人民和中华民族的前途命运。党的十八大以来，在以习近平同志为核心的党中央坚强领导下，党和国家事业发生历史性变革、取得历史性成就，中国特色社会主义道路、理论、制度、文化不断发展，国家治理体系和治理能力现代化水平不断提升，中国特色社会主义进入新时代。

站在新的历史起点上，我们要更加紧密地团结在以习近平同志为核心的党中央周围，以习近平新时代中国特色社会主义思想为指导，全面贯彻党的十九大精神，统筹推进"五位一体"总体布局，协调推进"四个全面"战略布局，坚持稳中求进工作总基调，坚持新发展理念，坚持推动高质量发展，坚持以供给侧结构性改革为主线，坚持深化市场化改革、扩大高水平开放，加快建设现代化经济体系，保持经济社会平稳健康发展，为夺取全面建成小康社会伟大胜利、昂首步入全面建设社会主义现代化国家伟大征程作出新的更大贡献。

演讲视频二维码

郑泽光

外交部党委委员、副部长

新中国 70 年外交成就

郑泽光

大家好！

70 年前中华人民共和国的诞生，开启了新中国外交筚路蓝缕、波澜壮阔的历史征程。70 年来，在中国共产党领导下，中国外交紧紧围绕实现民族复兴、服务国家建设和改革开放，紧紧围绕捍卫国家主权、安全、发展利益，紧紧围绕维护世界和平、促进共同发展，接续奋斗、披荆斩棘，取得了历史性成就。党的十八大以来，在以习近平同志为核心的党中央领导下，外交战线继往开来，攻坚克难，开拓进取，开创了中国特色大国外交新局面。

70 年外交成就，主要体现在以下几个方面：

第一，打造了遍布全球的伙伴关系网络。我们的建交国从 18 个增加到 178 个*，建立了 110 对伙伴关系，构建起全方位、多层次、立体化的外

---

* 截至 2019 年 10 月 1 日，我建交国已增加到 180 个。

交布局。我们同主要大国的关系总体稳定、均衡发展。中俄全面战略协作伙伴关系进入新时代，保持高水平运行；中美关系在风雨中不断前行，取得历史性发展；中欧关系不断深化拓展，朝着打造和平、增长、改革、文明四大伙伴关系方向前进。我们秉持亲诚惠容的理念，增进同周边国家睦邻友好，打造周边命运共同体；践行正确义利观和真实亲诚理念，增进同亚非拉广大发展中国家团结合作。中国的伙伴越来越多，我们的朋友遍天下。

第二，服务了国家建设和改革开放。新中国成立初期，中国外交克服重重困难，打开了同世界各国平等交往的大门。改革开放以来，外交服务发展的重点转向全面对接和参与国际经济体系，助力统筹国内国际两个市场、两种资源，建设开放型的经济体系。6 年前，习近平主席提出共建"一带一路"倡议，已经有 160 多个国家和国际组织同我国签署合作文件。

中国—东盟博览会自 2004 年以来已成功举办 16 届

"一带一路"已经成为最受欢迎的国际公共产品和最大规模的国际合作平台。今年 4 月，第二届"一带一路"国际合作高峰论坛开启了高质量共建"一带一路"的新征程，也开创了中国与世界携手构建人类命运共同体的新实践。

第三，坚定捍卫国家主权、安全、发展利益。这是中国外交的神圣使命。新中国成立之后，我们坚定奉行独立自主的和平外交政策，旗帜鲜明开展反帝反霸斗争，不怕鬼、不信邪的斗争精神从一开始就融入中国外交的血液里。我们坚定维护一个中国原则，坚决反对"台独"分裂活动。全面准确贯彻"一国两制"方针，实现香港和澳门顺利回归，坚决反对外国势力插手干预香港事务。我们坚定反对外部势力利用涉疆、涉藏等问题干涉中国内政。我国已同 14 个陆地邻国中的 12 个划定和勘定了边界，坚定

2007 年 7 月 1 日，庆祝香港回归祖国 10 周年大型烟花汇演在香港维多利亚港举行

捍卫领土主权和海洋权益。我们积极参与和推动打击恐怖主义、分裂主义和极端主义的国际合作，积极开展国际人权斗争，大力协助开展国际追逃追赃。我们坚定捍卫多边主义和多边贸易体制，推动建设开放型世界经济，有力地维护了我国发展空间和长远利益。

第四，显著提升了中国国际地位和影响。经过 70 年努力，我们的国家日益走近世界舞台中央。我国已经成为世界第二大经济体、联合国第二大会费国、第二大维和摊款国，在世界银行和国际货币基金组织的投票权份额也升到第三位。现在联合国粮农组织等 4 个联合国专门机构的负责人由中国公民担任。我国还以实际行动支持落实联合国 2030 年可持续发展议程，深入参与应对气候变化，是五个安理会常任理事国中派出维和力量最多的国家，充分彰显了中国作为负责任大国的作用。我们成功主办了

天安门广场上的"中非合作论坛"花坛

二十国集团、亚太经合组织、金砖国家、上合组织、亚信等多边峰会，创设了亚投行、金砖国家新开发银行，提升了我国的议程设置权、规则制定权和国际话语权。我们积极践行中国特色的热点问题解决之道，为维护和促进世界和地区的和平稳定发挥了建设性作用。

第五，为世界贡献了中国智慧和中国方案。70 年来，我国提出了一系列重大外交理念和论断，比如和平共处五项原则、"三个世界"的划分、和平与发展是时代主题，倡导世界多极化、国际关系民主化、推动建设和谐世界，等等。党的十八大以来，以习近平同志为核心的党中央深入推进外交理论和实践的创新，倡导推动建设新型国际关系、推动构建人类命运共同体，提出正确义利观、新发展观、新安全观、全球治理观等新的理念，形成和确立了习近平外交思想，开辟了中国外交理论和实践创新的新境界。《习近平谈治国理政》第一卷已经出版了 28 个语种 32 个版本，发行到 160 多个国家和地区。中国特色社会主义的成功，拓展了发展中国家走向现代化的途径，给世界上那些既希望加快发展又希望保持自身独立性的国家和民族提供了全新的选择。

第六，切实践行外交为民宗旨。今天，中国和世界紧密相连。我国2018 年出境人次达到 1.7 亿，有超过 150 万海外留学生，在国外的企业将近 4 万家。"中国脚步"走到哪里，"中国的领事保护"就延伸到哪里。近年来，我们成功组织了也门撤侨等 10 多次紧急撤离海外公民行动，累计处理领事保护案件超过 50 万起，涉及近百万中国公民。中国外交部开通了 12308 领事保护热线，积极推进签证便利化，提升了中国护照的"含金量"。我国已经同 146 个国家缔结了涵盖不同种类护照的互免签证协定，持普通护照的中国公民可以通过免签或落地签的方式，前往 70 个国家和地区。

70 年峥嵘岁月，70 年砥砺前行。我国走出了一条中国特色大国外交之路，积累了宝贵经验。这些经验主要有：始终坚持党的领导、坚持走社会主义道路；始终奉行独立自主的和平外交政策；始终倡导以和平共处五项原则为核心的国际关系基本准则；始终反对霸权主义和强权政治；始终坚定同广大发展中国家站在一起；始终坚持维护国家主权、安全、发展利益；始终坚持将维护自身利益与促进人类共同发展相结合；始终坚持实事求是、与时俱进、开拓创新。中国外交取得的辉煌成就归功于中国共产党的坚强领导，归功于全国人民的支持，也得益于国际社会和国际友人的理解和支持。

当今世界正处于百年未有之大变局，中国外交面临前所未有的机遇，也面临不少新的风险挑战。我们坚信，有习近平总书记把舵引航，有习近平新时代中国特色社会主义思想和习近平外交思想的科学指引，有近 14 亿勤劳勇敢的中国人民作为强大后盾，中国外交一定能够在新的历史起点上，劈波斩浪、再创辉煌，为实现"两个一百年"奋斗目标和中华民族伟大复兴的中国梦作出新的更大贡献。

演讲视频二维码

李 萌

科技部党组成员、副部长

新中国科技创新 70 年

李　萌

　　各位观众、各位网友，大家好！非常高兴有这个机会，与大家共同回顾新中国成立 70 年来科技发展的光辉历程。在此，我代表科技部，向社会各界对科技工作的关心、支持和爱护表示衷心感谢！

　　新中国的科技事业，应该讲是从一穷二白的基础上起步，筚路蓝缕、砥砺前行，为中华民族迎来从站起来、富起来到强起来的伟大飞跃提供了坚实支撑。

　　70 年来，从"向科学进军""科学技术是第一生产力"到"创新是引领发展的第一动力"，从科学的春天、实施科教兴国战略和人才强国战略到创新驱动发展战略，党中央高度重视科技工作，每到历史的关键时刻都作出重大决策部署。特别是党的十八大以来，以习近平同志为核心的党中央把科技创新摆在国家发展全局的核心位置，形成了从指导思想到战略部署再到重大行动的完整体系，开启了建设世界科技强国的新征程。

70 年来，我国一代又一代科技工作者爱国奉献，薪火相传，勇攀高峰，创造并继承弘扬"两弹一星"精神，为科技事业发展贡献了智慧、心血甚至生命，在新中国波澜壮阔的发展历程中写下浓墨重彩的一笔。

70 年前，全国科技人员不超过 5 万人，专门从事科研工作的人员仅 600 余人，专门的科学研究机构仅有 30 多个，几乎没有大型科研仪器设备，可以说，是一个人口大国、科技小国。70 年后，我国已经成为世界上具有重要影响力的科技大国。我在这里也给大家提供一组数据。世界知识产权组织发布的报告显示，2019 年中国的创新指数排名跃升至第 14 位，是前 15 名里唯一的发展中国家。2012 年时我们还只排 34 名。全社会研发投入快速增长，2018 年达到 19678 亿元，占 GDP 比重达到 2.19%，位居世界第二，超过欧盟最发达的 15 国平均水平（2.13%）；研发投入中企

国家财政科技支出

亿元

■ 中央财政科技支出
■ 地方财政科技支出

年份	中央财政科技支出	地方财政科技支出
2006	1009.7	678.8
2007	1044.1	1091.6
2008	1287.2	1323.8
2009	1653.3	1623.5
2010	2052.5	2144.2
2011	2343.3	2453.7
2012	2613.6	2986.5
2013	2728.5	3456.4
2014	2899.2	3555.4
2015	3012.1	3993.7
2016	3269.3	4491.4
2017	3421.4	4962.1

业占 77%，财政科技投入中，中央占 40%、地方占 60%。科技人才队伍不断壮大，形成了全球最完整的学科体系和最大规模的人才体系，全社会研发人员总量达到 419 万人年，居世界第一。科技创新的体系能力日益增强，大学、科研院所和企业研发机构等创新主体体系化布局；国家重点实验室、大科学装置等各类重大创新基地协同布局；基础研究、技术创新、成果转化和产业化等创新活动全链条布局。大型科研仪器达到 10 万台（套），超过 90% 向全社会开放共享。国际科技合作的广度和深度不断拓展。目前我国与 160 个国家和地区建立了科技合作关系，签订了 114 项政府间科技合作协议、346 项人才交流协议，参加国际组织和多边机制超过 200 个。在国际热核聚变等国际大科学计划和工程中，我国实现了从最初的少量参与到重要参与再到发起者的角色转变。

经过 70 年的努力，我国科技实力已经成为综合国力和国际竞争力的战略支撑。这体现在几个方面：

一是基础研究的探索能力显著提升。我国基础研究实现多点突破，涌现出铁基高温超导、量子反常霍尔效应、中微子振荡等一批世界级重大成果。一批中国科学家在国际科学界成为领军人物。二是战略新兴产业发展的技术供给能力不断增强。载人航天、探月工程、北斗导航、超级计算等战略领域实现跨越发展。超级杂交稻、高速铁路、新能源汽车、半导体照明等重点产业的技术水平处于世界领先地位。人工智能、5G、物联网、量子通信等新兴技术领域占据发展先机。三是民生改善和生态文明建设的科技支撑能力大幅提高。种业科技创新、现代农业装备等一批科技成果有效保障国家粮食安全和主要农产品供给。全国有 80 多万科技特派员深入农村一线，助力打赢脱贫攻坚战。科技支撑健康中国、平安中国、美丽中国建设成效显著。一批治疗癌症、阿尔茨海默症等重大疾病的原研药物相

在 2015 年诺贝尔奖颁奖仪式上，中国科学家屠呦呦（前左）从瑞典国王卡尔十六世·古斯塔夫手中领取诺贝尔生理学或医学奖

继问世。智慧司法、智慧城市建设为完善社会治理体系提供有力支撑。四是科技创新引领经济增长新动能不断壮大。2018 年，全国技术合同成交额达到 1.77 万亿元，而 1987 年只有 7 亿元；高技术产品出口额达到 7469 亿美元，占全部商品出口总额的 33%，三分天下有其一。平台经济、共享经济、智能经济快速成长。全国高新技术企业达到 18 万家，涌现出一批具有国际竞争力的创新领军企业。21 个国家自主创新示范区和 169 个国家高新区成为区域创新发展的"领头雁"。五是科技体制改革的重点领域和关键环节取得实质性突破。围绕激发科研人员积极性创造性和创新主体活力，我们国家出台了一系列改革举措，企业研发费用加计扣除比例提高到 70%，实行以增加知识价值为导向的分配政策，扩大高校和科研院所科研自主权，科技成果转化奖励比例提高到不低于 50%，为科技人员

"松绑减负"，学风作风、科研诚信、科研伦理建设得到进一步重视。

党的十八大以来，我国科技事业实现了历史性、整体性、格局性变化。这种变化体现在：科技实力进入从量的积累向质的飞跃、点的突破向系统能力提升的新阶段；重要技术领域从全面落后进入跟跑、并跑、领跑"三跑"并存阶段，并跑、领跑的比例不断扩大；人才强、科技强到经济强、国家强的创新发展路径正在加快形成。

当然，在巨大的成就面前，我们尤其需要清醒和冷静，与世界顶尖水平相比，在很多领域还有比较大的差距，科学积淀还不厚实，基础研究的原创能力不足，引领科技前沿方向的能力不足，引导全社会资源投入科技创新的能力不足，特别是学风作风建设任务仍然很艰巨。这是我们在更高起点上的问题，我们有决心有能力解决这些问题，推动科技事业迈向新的高度。

当今世界正面临百年未有之大变局，科技创新是大变局的关键推动力量。面向未来，中国科技发展任重道远，我们要坚持以习近平新时代中国特色社会主义思想为指导，坚定实施创新驱动发展战略，按照"三个面向"的战略方向，深化科技体制改革，完善国家创新体系，建设高端科技人才队伍，构建良好的法律政策社会文化环境，深度融入全球创新网络，加快建设创新型国家和世界科技强国，为建设社会主义现代化强国作出更多的"科技贡献"，也为世界科技发展作出更多的"中国贡献"。谢谢大家！

演讲视频二维码

任鸿斌

商务部党组成员、部长助理

新中国成立 70 周年商务发展成就

任鸿斌

各位观众、广大网友，上午好！

新中国成立 70 年来，我国商务发展历经国际风云变幻和国内矛盾困难，闯过一道道艰难险阻，从小到大、由弱到强，取得举世瞩目的成就。特别是党的十八大以来，在以习近平同志为核心的党中央坚强领导下，我国商务发展取得新的历史性成就，由经贸大国向经贸强国稳步迈进。商务事业的大发展，促进了国家经济发展、民生改善和国际地位提升，为中国特色社会主义建设作出了重要贡献。

一是消费实现跨越式升级。1952 年，我国社会消费品零售总额只有 277 亿元。改革开放后，人民生活逐步告别了短缺时代，大家都知道，粮票、布票、肉票等进入历史博物馆，服装从色调单一发展到五彩缤纷，耐用消费品从以前的手表、缝纫机、自行车"三大件"升级到智能手机、电脑、小汽车，消费从温饱型向发展型、享受型转变。党的

上海南京路步行街

十八大以来，供给侧结构性改革深入推进，商品和服务供应更加优质化、多元化，更好地满足人民日益增长的美好生活需要，我国作为世界第二消费大国的地位不断巩固，消费成为经济增长第一拉动力。2018年，社会消费品零售总额达 38.1 万亿元，是 1952 年的 1300 多倍。流通模式发生了革命性变化，现在人们坐在家中，在网上就能买到几乎所有商品，"双十一"一天的电商销售额，就相当于 1952 年全年零售总额的 10 多倍。

二是对外贸易跃居世界第一。新中国成立之初，由于西方国家封锁，我国只能与苏联和东欧等国家开展贸易，1950 年贸易规模仅 11.3亿美元，占全球份额 0.8%。改革开放后，我国承接国际产业转移，发展出口加工业，对外贸易飞跃发展，成为全球制造业第一大国，质优价美的中国商品深受各国欢迎。党的十八大以来，我国全面提高开放型经济水平，成为世界货物贸易第一大国，232 个贸易伙伴遍布全球。2018 年，我国货物贸易达 4.62 万亿美元，其中出口占全球份额达 12.8%。贸易结构不断优化，机电产品、高新技术产品成为出口的主力。国际市场销售的智能手机，每 10 台就有 9 台是中国出口的。我国不仅货物贸易领先，服务贸易也在快速赶上，已位居世界第二。刚才，主持人提到，广交会诞生于 1957 年，至今已连续举办 125 届，为中国企业的创新发展和中国的对外开放作出了重要贡献。2018 年，我国成功举办首届中国国际进口博览会，172 个国家、地区和国际组织参会，带来了世界最小的心脏起搏器、会飞的汽车等特色商品，成为新时代高水平对外开放的里程碑。

三是利用外资进入世界前列。新中国成立之初到 20 世纪 70 年代，我

首届中国国际进口博览会

▌上海自贸试验区

国利用外资规模极小。改革开放后，我国打开国门搞建设，从深圳这个小渔村起步建设经济特区，到开放沿海、沿江、沿边、内陆地区，逐步形成了全方位、多层次、宽领域的开放格局，利用外资规模和领域持续扩大。党的十八大以来，我国推进新一轮高水平开放，出台《外商投资法》，全面落实准入前国民待遇加负面清单管理制度，在 18 个自贸试验区推动改革开放创新，探索建设中国特色自由贸易港，形成了陆海内外联动、东西双向互济的开放新格局。越来越多的外国投资者看好中国，积极进入中国市场。2018 年，我国利用外资达 1383 亿美元，位居全球第二。截至 2018 年年底，累计利用外资达到 2.1 万亿美元，在我国设立的外资企业超过 96 万家。

四是对外投资跻身大国行列。我国对外投资起步较晚，进入 21 世纪后快速发展。党的十八大以来，我国推动与相关国家共建"一带一路"，对外投资转向高质量发展，结构优化、效益提高。2018 年，我国对外直接投资达到 1430 亿美元，位居全球第二。截至 2018 年年底，对外投资存量接近 2 万亿美元，境外中资企业 4.3 万家。一批境外经贸合作区初具规模，促进了东道国经济社会发展。2018 年，对外承包工程完成营业额达到 1690 亿美元，年末在外劳务人员达到 99.7 万人。现在人们到世界各地旅游，经常可以看到中国企业修的路、架的桥以及众多基础设施和民生设施，这些就是我国对外投资的生动形象。

五是国际经贸规则话语权不断提升。新中国成立之初，我国被排除在西方主导的国际经济治理体系之外。1980 年我国恢复世界银行和国际货币基金组织合法席位，2001 年加入世界贸易组织，在国际经济治理中发挥越来越重要的作用。党的十八大以来，习近平总书记提出共建"一带一路"重大倡议，已经得到 160 多个国家和国际组织积极响应，成为构建人类命运共同体的重要实践平台，共商共建共享原则也成为全球经济治理重要理念。我国坚定维护多边贸易体制，支持对世贸组织进行必要改革，促进自由贸易区建设，迄今我国已与 25 个国家和地区达成 17 个自贸协定，推动经济全球化朝着更加开放、包容、普惠、平衡、共赢的方向发展。我们贡献了中国智慧，展现了大国担当。

习近平总书记指出，中国特色社会主义进入了新时代，这是我国发展新的历史方位。根据党的十九大战略部署，我们结合商务实际，提出了努力提前建成经贸强国的奋斗目标，确立了商务改革发展六项主要任务，制定了消费升级、贸易高质量发展、外资促进、对外投资创新等八大行动计划，形成了"一带一路"国际合作、步行街改造提升、进口博览会、虹桥经济论坛、自贸试验区和自由贸易港建设、商务扶贫以及应对中美经贸摩擦的"6+1"商务重点工作新格局。

站在新的历史起点上，我们将紧密团结在以习近平同志为核心的党中央周围，以习近平新时代中国特色社会主义思想为指导，增强"四个意识"、坚定"四个自信"、做到"两个维护",不忘初心、牢记使命,促进形成强大国内市场,推进更高水平开放,推动高质量发展,为实现"两个一百年"奋斗目标作出新的贡献。

　　谢谢大家!

演讲视频二维码

互动问答

主持人：先看第一个问题，请看大屏幕："请问您如何看待当前中国经济发展态势？是否有信心实现全年经济增长预期目标？"相信这是国人普遍关心的问题。我们请国家发展改革委的宁主任来回答这个问题。

宁吉喆：

今年以来，在外部环境严峻复杂的背景下，中国经济运行延续了总体平稳、稳中有进的发展态势。可以从三个方面来看：一是主要经济指标处在合理区间。今年上半年国内生产总值同比增长 6.3%，增速在世界主要经济体中是最高的。就业形势基本稳定，前 8 个月城镇新增就业 984 万人，完成全年目标任务的 89.5%。价格涨势温和，前 8 个月，居民消费价格同比上涨 2.4%，低于 3% 左右的预期目标。国际收支基本平衡，前 8 个月，以人民币计价的进出口总额增长 3.6%，外汇储备保持在 3 万亿美元以上。二是经济结构继续优化。产业持续升级，前 8 个月，高技术制造业增加值同比增长 8.4%，比全部规模以上工业快 2.8 个百分点。需求结构优化，上半年消费对经济增长贡献率高于投资 40.9 个百分点，前 8 个月，社会消费品零售总额同比增长 8.2%，固定资产投资增长 5.5%，高技术制造业投资、高技术服务业投资分别增长 12%、14.9%。三是质量效益逐步提高。居民收入增长快于经济增长，上半年人均可支配收入同比实际增长 6.5%，比 GDP 增速高 0.2 个百分点；劳动生产率持续提高，2018 年全员劳动生产率为 107327 元 / 人，比上年提高 6.6%；环境质量得到改善，上半年万元 GDP 能耗同比下降 2.7%。

同时也要清醒地认识到，当前中国经济运行稳中有变、稳中有忧，外部环境总体趋紧，国内经济下行压力加大，但总的来看，中国经济长期向好的基本面没有变也不会改变，中国经济具备平稳健康可持续发展的有利条件。可以从以下三方面来看：一是发展基础雄厚。新中国成立 70 年特别是改革开放 40 多年来，积累的丰厚物质技术条件，为未来发展奠定了坚实基础。经济创新转型和高质量发展，为我国发展和重要战略机遇注入新的内涵。宏观调控经验丰富、政策工具充足且政策红利正在持续释放。二是发展动力增强。新动能不断成长壮大、市场活力不断集聚增强。在世界知识产权组织最近公布的全球创新指数排名中，中国排名比去年又上升 3 位，目前排在第 14 位，连续第 4 年提升。企业对减税降费、优化营商环境等政策的获得感提高，创业创新热情持续高涨，前 8 个月中国日均新登记企业达到 1.9 万多户，规模以上私营企业工业增加值同比增长 8.2%。三是发展空间广阔。中国人口和人力资源丰富、发展潜力巨大、转型升级前景光明。中国有近 14 亿人口，超过全球发达经济体人口总和，高技能人才超过 1.7 亿人；作为世界最大发展中国家，区域、城乡统筹发展具有较大潜力，居民消费升级趋势明显；中国产业链齐全、构成多元，具有很大弹性与韧性。国际上回旋余地也很大，中国是世界最大的货物贸易国，是全球 130 多个国家最大的贸易伙伴。今年前 8 个月，中国对东盟、欧盟及"一带一路"沿线国家进出口分别增长 11.7%、9.7%及 9%以上。

我们坚信，在以习近平同志为核心的党中央坚强领导下，中国完全有条件、有能力、有信心应对各种风险挑战，保持经济运行在合理区间，完成全年经济社会发展主要预期目标。

主持人：感谢宁主任的解答。也给我们传递了信心，相信中国经济航船一定能够劈波斩浪、行稳致远。继续来看第二个问题："刚才您提到习近平总书记提出共建'一带一路'，推动我国对外合作迈向了新的更高境界。请问共建'一带一路'给中国和世界带来什么样的变化？"

郑泽光：

6 年前，习近平总书记的共建"一带一路"倡议一提出来，就得到各国的热烈反响，这是我国推动形成全面开放新格局的重要抓手。6年来，我们积极加强与各国"五通"，也就是政策沟通、设施联通、贸易畅通、资金融通、民心相通，我们坚持引进来和走出去并重，支持我国的优势产能走出去，推动构建面向全球的物流大通道，统筹全球市场和资源要素配置，提高我国对外开放的质量和水平。推动形成陆海内外联动、东西双向互济的开放新格局。

共建"一带一路"倡议源于中国，但机会和成果属于全世界。我们始终秉持共商共建共享原则，坚持开放绿色廉洁理念，努力实现高标准、惠民生、可持续目标，致力于通过基础设施互联互通挖掘各国经济增长潜力，为世界经济的发展提供稳定锚和信心源。世界银行报告认为，"一带一路"交通设施全部建成之后，沿线经济体交通时间可缩短12%、贸易增长2.8%—9.7%，有望为全球经济贡献2.9%的增长。"一带一路"积极对接联合国2030年可持续发展议程，为解决全球发展问题提供了新动力。短短6年时间，中国同沿线国家贸易额超过6万亿美元，对沿线国家投资额超过1000亿美元。共建"一带一路"为国际贸易和投资搭建了新平台，为世界经济增长开辟了新空间，为全球化再平衡开辟了新路径，也为所有参与国的发展带来新机遇。我们愿同世界各国共同努力，推动共建"一带一路"不断向前发展。

主持人：感谢郑部长的回答。"一带一路"源自中国但属于世界，是中国与世界合作共赢的伟大实践。接下来继续来看大屏幕，还有什么样的问题："部长您好！我是一名大学生，这些年我们注意到，中国科学技术发展势头迅猛，涌现出一系列重大科技成果。回望 70 年，中国科技发展到今天的主要经验是什么？"我想，这个问题的答案，不仅这位大学生朋友关心，国际社会应该也很期待，我们请科技部的李部长来具体介绍下。

李萌：

谢谢这位网友。这是一个很深刻的问题。我作为一名科技管理工作者，也一直在思考这个问题：有哪些经验使中国的科技事业大放光彩？我想有这样几条：

一是坚持和加强党对科技事业的全面领导。这是我国科技创新的最大政治优势，是推动科技事业繁荣发展的重要法宝，也是建设创新型国家和世界科技强国的根本保证，必须毫不动摇长期坚持。

二是坚持把科技创新摆在国家发展全局的核心位置，作为提高综合国力和社会生产力的战略支撑。在"五位一体"总体布局和"四个全面"战略布局中谋划部署科技创新。

三是坚持探索实践中国特色自主创新道路，充分发挥集中力量办大事的制度优势，政府引导与市场力量同频共振，利用好国际国内两种资源，把自主创新与对外开放有机结合。

四是坚持以深化改革激发创新活力。我们讲，创新驱动发展，那么谁来驱动创新呢？这就是改革。通过改革打通科技和经济社会发展的通道，不断释放科研人员和各类创新主体的潜能，提升国家创新体系整体效能。

五是大幅度增加科技投入。20 世纪五六十年代，即使在国家财力非常紧张的情况下仍然舍得投入科技创新。2000 年以来，我国 R&D 经费年均增速 14.7%，增速世界第一，这个速度也是世界上少有的，我国成为世界研发投入增长的最大贡献者。

回顾 70 年，我国科技事业发展的经验还有很多，但上面这五条是最重要的。

主持人：感谢李部长的分享。建设世界科技强国与中华民族伟大复兴紧紧相连、高度契合，是每一个中国人的光荣与梦想。作为一名科技爱好者，也期待可以贡献自己的一份力。互动继续："您刚才介绍了新中国成立 70 年来我国商务发展取得的巨大成就，让人备受鼓舞。当前，国际形势复杂严峻，我国商务特别是外贸发展面临不少挑战和压力。请问商务部打算采取哪些措施促进外贸发展？"外贸是衡量一国经济发展态势的重要维度，也是大家都非常关心的。我们请商务部的任助理来回答一下。

任鸿斌：

谢谢这位网友的提问。正如你所说的，今年以来，我们国家外贸发展环境复杂严峻，不确定、不稳定因素增多。在以习近平同志为核心的党中央坚强领导下，商务部坚决贯彻落实"六稳"工作要求，及时推动出台稳外贸政策措施并狠抓落实，优化外贸结构，进出口呈现稳中提质的良好势头。1—8 月，我国进出口总额达到了 20.13 万亿元，增长 3.6%，这个成绩来之不易，从国际比较看，上半年我国出口增速高于主要经济体整体水平。

下一步，商务部将按照党中央部署，在稳定外贸增长的同时，着力推进贸易高质量发展，培育贸易竞争新优势。

一是深入落实稳外贸政策措施。推动在出口退税、融资、保险、贸易便利化等方面出台细化举措，有效降低企业经营成本，提振企业信心。

二是提高外贸发展质量。持续推进优化国际市场布局、国内区域布局、外贸经营主体、商品结构、贸易方式等"五个优化"，加快外贸转型升级基地建设、贸易促进平台建设、国际营销网络建设等"三项建设"，鼓励高技术、高质量、高附加值产品出口，以"一带一路"为重点开拓多元化市场。

三是培育外贸发展新动力。持续推动制度创新、管理创新和服务创新，加快发展跨境电商、加工贸易保税维修、二手车出口等新业态新模式，大力发展服务贸易。

四是主动扩大进口。精心办好中国国际进口博览会，继续降低进口关税总水平，增加特色优势产品、先进技术和关键设备进口，更好地满足国内消费升级和产业升级需要。

谢谢！

主持人：感谢任助理的回答。乱云飞渡仍从容。可以说，我们有信心、有实力、有准备，什么挑战都不怕，任何压力都能转换为发展的强劲动力！接下来还有四个问题。"今年国家发改委发布了新版外商投资准入负面清单以及鼓励外商投资产业目录，进一步缩减了外商准入限制，请问下一步还将出台哪些政策更好地吸引外资、优化外商投资环境？"

宁吉喆：

当前，国际形势虽然严峻复杂，但中国利用外资保持稳定的增长，显示出较强的韧性。今年前 8 个月，中国实际使用外资 6040.4 亿元，同比增长 6.9%。近日，美中贸易委员会发布的《2019 年中国商业环境调查》显示，97% 的美资企业在华业务实现盈利，是过去 10 年最高水平；78% 的美资企业在华业务利润率高于或等于全球业务利润率，比去年高 7 个百分点。这充分说明了中国市场的吸引力。下一步，我们将坚持对外开放的方针不动摇，抓好已出台的政策落地生效，研究出台新的政策措施，不断优化外商投资环境。

一是持续扩大对外资的开放领域。今年 6 月，国家发展改革委等部门发布了 2019 年版的外商投资准入负面清单和鼓励外商投资产业目录，坚持减少准入限制、扩大正面鼓励"双管齐下"，积极吸引外资，坚定不移扩大开放。今后几个月，要落实好 2019 年版负面清单的开放措施，扎实推进 2020 年版负面清单研究工作，推动更多领域放宽外资准入，构建更加开放、透明的投资环境。还要落实好鼓励外商投资产业目录，支持外资更多投向中高端制造、高新技术、现代服务等行业领域和中西部地区。

二是全面推进内外资企业平等待遇。在准入前阶段，今年年底前全面取消外资准入负面清单之外的限制，确保市场准入内外资标准一致。在准入后阶段，确保在资质许可、政府采购、标准制定、产业政策、科技政策等各方面，对在中国境内注册的内外资企业平等对待、一视同仁。

三是实施以外商投资法为基础的新法律体系。今年 3 月出台的外商投资法，融入了中国改革开放 40 多年的经验，吸收了国际通行的投资规则，围绕促进、保护、管理三个方面构建了外商投资的基本制度，为跨国公司在中国发展提供有力保障。明年 1 月 1 日外商投资新的法律体系开始实施。我们将充分听取各方意见，加快制定出台外商投资法配套法规和相关规定。

四是不断提升外商投资便利化水平。深化外商投资管理体制改革，进一步简化外商投资管理程序、提高管理效能。加强各级政府联动，为重大外资项目提供绿色通道和有力支持。近期，宝马、特斯拉、巴斯夫、壳牌、三星、乐金等一批跨国公司都在中国投了大项目，我们将继续提供国际一流的投资服务。

这里，我想特别强调的是，中国人口众多，中等收入群体庞大，消费升级加快，国内市场潜力巨大。麦肯锡咨询公司今年 7 月发布报告预测，未来 15 年中国消费增长规模将为美国与西欧之和。同时，中国拥有完善的基础设施、丰富的人力人才资源、完整的产业链配套、不断优化的投资环境。相信中国将继续成为外商投资的热土，欢迎各国企业来华投资兴业，与中国企业一起实现互利共赢。谢谢。

主持人：感谢宁主任的回答。可以看到，不管过去还是将来，我们营造国际一流营商环境的目标始终如一，为外资企业在华投资兴业创造更好条件、提供更好服务的方向也不会改变。下一个问题是什么呢："今年是新中国成立 70 周年，也是中美建交 40 周年。您如何看待中美关系未来发展？"

郑泽光：

建交 40 年来，中美关系走过风风雨雨，取得了历史性发展，给两国人民带来了巨大利益，有力促进了亚太地区和世界的和平、稳定、繁荣。

当前中美关系又到了一个重要关口。由于美方近来在经贸、台湾等问题上的错误言行，中美关系发展遇到一些困难。这损害了两国人民的根本利益，也不符合国际社会的普遍期待。

"四十不惑"。40 年的中美关系历程告诉人们：中美合则两利、斗则俱伤；相互尊重、求同存异才是相处之道。40 年后中美关系再出发，双方应牢记来时的路，汲取经验教训，认清时代潮流，不断开辟未来。

中方历来坚持从两国人民和世界各国人民的根本利益出发，审视和处理中美关系。希望美方与中方相向而行，按照两国元首确定的方向和原则，在相互尊重基础上管控分歧，在互惠互利基础上拓展合作，推进以协调、合作、稳定为基调的中美关系，这样才能更好造福两国人民和世界各国人民。

主持人：感谢郑部长的回答。青山遮不住，毕竟东流去，合作共赢始终都是中美关系的必由之路。互动继续，网友还关心什么呢？接下来我们请出智能机器人小央，请她提出下一个问题："部长您好！我想请问近年来国家在为科技发展和科研人员营造政策环境方面，有哪些部署和进展？"站在建设世界科技强国的新起点，科技工作者迎来了什么？我们请李部长来介绍一下。

李萌：

谢谢小央的提问！小央的诞生佐证了近年来中国科学技术快速发展。这个问题非常有针对性，我很高兴回答。

党的十八大以来，制定科技政策始终把相信和依靠科研人员，把激发科研人员积极性和企业的创新活力作为重点。我总结了一下，这几年主要推动了以下改革创新：

一是进一步扩大高校和科研院所科研自主权，赋予创新团队和领军人才更大的人财物支配权和技术路线决策权。精简项目申报流程，减少过程管理，合并财务验收和技术验收。改革科技成果管理制度，取消职务科技成果资产评估、备案管理程序。

二是加大分配激励的力度。实行以增加知识价值为导向的分配政策，通过加大绩效工资分配激励力度、落实科技成果转化奖励等措施，使科研人员收入与实际贡献紧密相连，在全社会形成知识创造价值、价值创造者得到合理回报的良性循环。

三是深化项目评审、人才评价、机构评估改革，发挥好评价指挥棒和风向标作用，营造潜心研究、风清气正的科研环境。

四是减轻科研人员负担，推进减表、解决报销繁、精简牌子行动、"唯论文、唯职称、唯学历、唯奖项"问题清理、检查瘦身、信息共享、众筹科改七项行动。如减表行动将填报工作量减少 50%，国家重点研发计划项目和课题层面 57 张表格精简整合为 11 张。

五是加强学风作风转变和科研诚信建设。弘扬科学家精神，严肃惩处违反学风与科研诚信的典型，使学风作风的环境变得更好。

主持人：感谢李部长的回答。借这个机会，也对所有付出艰辛努力和巨大贡献的科技工作者们，道一声感谢！谢谢你们！接下来是最后一个问题了："您刚才提到，外资对我国经济发展作出了重要贡献。请问商务部打算采取哪些措施来扩大开放、加大吸引外资力度？"中国开放的大门如何越开越大，我们请任助理来具体介绍一下。

任鸿斌：

谢谢网友提问，这是一个很好的问题。外资企业是中国经济的重要组成部分。在全球跨国投资连续三年低迷的形势下，中国利用外资逆势增长。今年 1—8 月我国利用外资 6040 亿元，增长了 6.9%，体现了各国投资者对中国的信心、对中国的期盼。我们将按照习近平总书记利用外资三个"不会变"（中国利用外资的政策不会变，对外商投资企业合法权益的保障不会变，为各国企业在华投资兴业提供更好服务的方向不会变) 的要求，坚定不移推动全方位对外开放，继续积极有效利用外资，主要从以下几个方面采取措施：

一是扩大外资市场准入。主要是落实好汽车领域放宽外资股比限制等措施，支持外资投向电子信息、装备制造、医药、新材料等先进制造领域和中西部地区。深化金融业开放举措，在增值电信、交通运输等领域减少对外资准入限制。

二是营造国际一流营商环境。贯彻落实今年 3 月全国人大表决通过的《外商投资法》，抓紧制定配套法规、规章。加快清理与《外商投资法》不相符的法律法规和规范性文件，落实准入前国民待遇加负面清单管理制度，全面取消外资准入负面清单外的限制规定。对内外资企业一视同仁、平等对待，更大力度保护知识产权。

三是打造对外开放新高地。落实好上海自贸试验区临港新片区和 6 个新设自贸试验区总体方案。深化自贸试验区改革创新，及时总结推广好的经验、好的做法。探索建设中国特色自由贸易港。推进国家级经济技术开发区创新提升，以更高水平开放促进更高质量发展。

谢谢！

主持人：感谢任助理的回答。刚才任助理提到，利用外资规模的增长表达了各国投资者对中国的信心，相信这一系列措施，也会让世界感受到，中国愿敞开大门与各国分享机遇的十足诚意。今天的网友提问互动环节就到这里。感谢四位的精彩回答！

习近平总书记曾深刻指出，中国人民和中华民族从斗争实践中懂得，中国社会发展，中华民族振兴，中国人民幸福，必须依靠自己的英勇奋斗来实现，没有人会恩赐给我们一个光明的中国。回溯过往，我们看见，所有历经的坎坷、获得的经验、取得的成就，都是几代人坚韧不拔、开拓进取，实实在在干出来的。这些探索、奋斗、积累，也让身处新时代追梦路上的我们，心中多了一份坚定自信，多了一份睿智从容！新起点再出发，相信我们将不断创造新的更大奇迹！

策　　划：蒋茂凝

责任编辑：杨美艳　刘　畅

装帧设计：胡欣欣

图书在版编目（CIP）数据

庆祝中华人民共和国成立 70 周年系列论坛／中央宣传部宣传
　教育局 编 . —北京：人民出版社，2019.11
ISBN 978－7－01－021383－5

I. ①庆…　II. ①中…　III. ①社会主义建设成就－中国－文集
　IV. ① D619–53

中国版本图书馆 CIP 数据核字（2019）第 212299 号

庆祝中华人民共和国成立 70 周年系列论坛

QINGZHU ZHONGHUARENMINGONGHEGUO CHENGLI 70 ZHOUNIAN XILIE LUNTAN

中央宣传部宣传教育局　编

人民出版社 出版发行

（100706　北京市东城区隆福寺街 99 号）

北京盛通印刷股份有限公司印刷　新华书店经销

2019 年 11 月第 1 版　2019 年 11 月北京第 1 次印刷
开本：710 毫米 ×1000 毫米 1/16　印张：19.75
字数：241 千字

ISBN 978－7－01－021383－5　定价：80.00 元

邮购地址 100706　北京市东城区隆福寺街 99 号
人民东方图书销售中心　电话（010）65250042　65289539